TEKTIME

Guido Pagliarino

Il Dio Scandaloso

Saggio

Indice

	Pagina
Epigrafe	*1*
BREVE PREFAZIONE DELL'AUTORE	*3*
CAPITOLO 1 (IL DIO CHE SERVE L'ESSERE UMANO)	*7*
Il Dio che serve	*15*
Un Dio mal inteso	*17*
Il dio Caso - Perché il dolore?	*21*
È l'ignoranza sul Cristianesimo la causa degli equivoci su Dio	*24*
CAPITOLO 2 (CREDO QUIA ABSURDUM)	*45*
Credo quia absurdum: una fede sensatamente basata su paradossi	*47*
Sulla scandalosa Trinità di Dio	*65*
CAPITOLO 3 (IL POTERE-DIAVOLO E L'INIZIAZIONE ALL'UMILTÀ)	*73*
Ancora sul Dio che serve l'uomo. Non tutti i credi si equivalgono	*75*
Hans Urs von Balthazar e la nuova evangelizzazione	*82*
La Grazia mal intesa	*87*
Un processo d'iniziazione	*90*
L'essere umano cooperatore di Dio	*97*
APPENDICE *Abbreviazioni dei nomi dei libri biblici*	*99*

"Quanto mi sei contestabile, Chiesa, eppure quanto ti amo! Quanto mi hai fatto soffrire, eppure quanto a te devo! [...] Mi hai dato tanti scandali, eppure mi hai fatto capire la santità! Nulla ho visto nel mondo di più oscurantista, più compromesso, più falso, e nulla ho toccato di più puro, di più generoso, di più bello. [...] No, non è male contestare la Chiesa quando la si ama; è male contestarla sentendosi al di fuori come dei puri"

"[...] una Chiesa dove la carità e la solidarietà per il fratello impegna ben più del culto e delle purezze legali. Una Chiesa che sia Vangelo. Una Chiesa che sia speranza. Una Chiesa che sia amore. È finito il tempo delle complicazioni, delle pesanti bardature, delle esteriorità distraenti, degli stucchi inutili, delle processioni infantili".

Fratel Carlo Carretto

Nel congedarmi dal lettore al termine del mio libro "Cristianesimo e Gnosticismo: 2000 anni di sfida"[1], scrivevo: " […] Il cristiano trova la pace del cuore nel seguire l'evangelica figura di Cristo nella fede ch'egli sia Dio. Gesù ha detto verso l'anno 29: 'Chi vuole essere il più grande si faccia il più piccolo e serva gli altri'. L'ha fatto egli stesso nel corso della vita e ce ne resta un fortissimo simbolo, nel vangelo secondo Giovanni, nella lavanda dei piedi che Cristo pratica agli apostoli poco prima della Passione". Schiudevo così una porta sull'argomento Dio-Amore, "...il Dio è Amore – ...*ho Theòs Agápe estín* – [2]", al servizio degli uomini, un Dio col grembiule non solo neotestamentario ma che fa capolino già dall'*Antica Scrittura*, come avevo illustrato nel saggio immediatamente precedente questo, "Il Vento dell'Amore"[3]. Considerando studi sgorgati dal concilio Vaticano II, parlerò adesso di questo Dio-Amore secondo il *Nuovo Testamento*, per il quale la Rivelazione divina si compie con Cristo: un Dio che in Gesù dà l'esempio e invita i cristiani d'ogni tempo ad agire come lui: secondo i cristiani, sempre nel pieno rispetto per i credenti ebrei, l'Antico (o Primo) Testamento è incompleto, chiede un'integrazione e quel compimento, esposto negli stessi

---

[1] 2000 anni di sfida", Prospettiva Editrice, 2003 – 2007. Fuori catalogo e i cui diritti sono tornati all'autore dal 1° gennaio 2008.

[2] 1Gv 4, 8 e 4,16

[3] Il Vento dell'Amore, un approccio storico alla progressiva Rivelazione di Dio-Amore nel Primo Testamento", 2018, Tektime Editore © Guido Pagliarino.

libri neotestamentari, si realizza in Cristo il Salvatore che fa chiarezza sul senso dei testi veterotestamentari e addirittura, in qualche caso, giustifica la loro stessa inclusione nella Bibbia, come, tipicamente, è per il Qoelet, libro che, pur non difettando di serenità, appare pessimistico se non si legga alla luce cristica per la quale il cristiano riflette: "Sì, senza Gesù la nostra vita sarebbe stata proprio la nichilistica tragedia che dice Qoelet"; in merito, Giacomo Leopardi era stato gran lettore del Qoelet e questo libro, non avendo il poeta la fede cristiana, aveva contribuito a determinare, con altre fonti, il suo pessimismo cosmico. La Parola divina s'è rivelata progressivamente a mezzo di fatti storici che hanno indotto alla riflessione teologica. Il governo della Storia da parte di Dio costituisce la nota comune tra la Prima e la Nuova Scrittura: si consideri che per la Chiesa, come aveva espresso il concilio Vaticano II nella costituzione Dei Verbum, il Testamento è sì "ispirato, e coloro che lo generarono furono ispirati nella misura in cui contribuirono alla sua costituzione", e non solo il Nuovo ma pure quello Antico "è parola di Dio e conserva un valore perenne", ma dev'essere messo in conto che gli scritti del Vecchio Testamento "contengano anche cose imperfette e temporanee" e che "integralmente assunti nella predicazione evangelica, acquistano e manifestano il loro completo significato nel Nuovo Testamento e, a loro volta, lo illuminano e lo spiegano"[4]. Sempre con la Dei Verbum[5], aggiungo che "per ricavare con esattezza il

---

[4]   "Costituzione dogmatica Dei Verbum sulla divina Rivelazione", nn. 14, 15, 16.

[5]   Ibid. n. 12.

contenuto dei testi sacri, si deve badare al contenuto e all'unità di tutta la Scrittura". Presenterò dunque la figura gesuanica del Dio che serve gli uomini, rilevando il contrasto fra questa e quella temibile immagine divina punitrice che veniva delineata nell'insegnamento ecclesiastico prima del Vaticano II, concilio che ha diretto di nuovo lo sguardo della Chiesa al Cristianesimo del I secolo, soprattutto con lo studio dei Testamenti nelle lingue originali e non più sull'imprecisa traduzione in latino di san Girolamo. Purtroppo la linea conciliare non è seguita da tutti e l'idea d'un Dio tremendo è ancora viva in certi ambienti, nella Chiesa stessa e non solo presso i seguaci del reazionario vescovo Lefèbvre. C'è chi continua a insegnare in sostanza che Dio è da temere e servire con atti cultuali come già lo Jahvè di tanti versetti veterotestamentari (poiché in italiano la J non si dovrebbe pronunciare G, preferisco dire lo Iavé, con J semivocalica, anche se altri prediligono esprimersi con la J semiconsonantica: "il Giavé"), questo secondo quella Legge che, diversamente, san Paolo nella neotestamentaria lettera ai Gàlati[6] afferma essere stata soltanto il servo-pedagogo che aveva il compito di condurre alla scuola di Cristo. Quel servo che conduce il bambino a scuola è ormai inutile dopo l'insegnamento caritatevole del Maestro Gesù, è ovvio infatti che chi ama non diffama, non ruba e così via, senza sentire peso nel rispettare la morale; però secondo i Vangeli a Cristo non basta che non si faccia male al prossimo, egli desidera che lo si aiuti. Concluderò dove avevo iniziato, sul Dio rivelato da Gesù, talmente innamorato degli esseri umani

---

[6]   Gal 3,19 e 3,25

da volerli per sempre con lui nel suo eterno e che, dunque, a questo preciso fine si pone al loro servizio. Per agevolare il frequentatore occasionale del Testamento, ho aggiunto un'appendice con le abbreviazioni dei nomi dei libri biblici.

CAPITOLO 1
(IL DIO CHE SERVE L'ESSERE UMANO)

Bibliografia principale di questo capitolo: AA.VV., Manuale di storia delle religioni, Gius. Laterza & Figli, 1998; Carlo Buzzetti e Carlo Ghidelli, Le tappe della lettura della Bibbia, Edizioni San Paolo s.r.l., 2003; Giulio Busi, Simboli del pensiero ebraico, Giulio Einaudi editore s.p.a., 1999; Gianfranco Calabrese, Il Signore che dà la vita – Identità e missione dello Spirito Santo, Edizioni San Paolo s.r.l., 1998; Giuseppe Casarin, Simbolo, segno e sacramento, in Giovanni l'evangelista dalle ali d'aquila, numero monografico della rivista Credere oggi, n. 5/2003, Messaggero di Sant'Antonio editrice, ottobre 2003; Rémy Chauvin, Dio delle stelle Dio delle formiche, traduzione dal francese di Giacomo Gastone, Edizioni Paoline s.r.l., 1991; La civiltà cattolica (editoriale: direttore della rivista Gian Paolo Salvini), Il giudizio particolare dopo la morte, quaderno 3415, 3 ottobre 1992; L'inferno: riflessioni su un tema dibattuto, editoriale, in La civiltà cattolica, quaderno 3578, 17 luglio 1999; Alberto Maggi, Come leggere il Vangelo e non perdere la fede, Cittadella Editrice, Assisi, 2001; André Manaranche, Un amore chiamato Gesù, Edizioni Paoline s.r.l., 1990; Daniele Menozzi, La Chiesa cattolica, pp. 129-251 in, di AA. VV. (a cura di Giovanni Filoramo e Daniele Menozzi), Storia del Cristianesimo, vol. IV, Gius. Laterza & Figli, 1997; Aldo Moda, Linguaggi teologici del post-concilio, in Archivio teologico torinese, anno 5, 1999, N. 2; Alviero Niccacci, La casa della sapienza, voci e volti della sapienza biblica, Edizioni San Paolo s.r.l., 1994; Ettore Paratore, San Girolamo – L'età del Basso Impero, in Storia della letteratura latina, RCS Libri S.p.A., 2000; Liliana Rosso Ubigli, La visione negativa della storia nell' "apocalittica" giudaica, in Leggere la storia come salvezza, numero monografico di Parola, Spirito e Vita - quaderni di lettura biblica, n. 1 gennaio-giugno 2003,

Centro editoriale devoniano; Giuseppe Ruggieri, Tempi dei segni e segni dei tempi: dalla Humanae salutis alla Gaudium et spes, in Leggere la storia come salvezza, numero monografico di Parola, Spirito e Vita - quaderni di lettura biblica, n. 1 gennaio-giugno 2003, Centro editoriale devoniano; fonti Internet: Catechismo della dottrina cristiana pubblicato per ordine del sommo Pontefice Pio X, nel sito Museo San Pio X, http://www.museosanpiox.it/index.php alla pagina http://www.museosanpiox.it/sanpiox+Catechismodottrinacristiana. html; Maggi Alberto, testo della conferenza "Vangeli: storia o teologia?", Arcidiocesi Ancona Osimo e Centro Pastorale Stella Maris – Colleameno di Torrette di Ancona nei giorni 22, 23, 24 /02/ 2002, nel sito http://www.studibiblici.it alla pagina http://www.studibiblici.it/conferenze/storiaoteologia.htm; Alberto Maggi, testo della conferenza "Il Dio impotente", in Senigallia presso la Scuola di Pace Vincenzo Buccelletti nei giorni 15, 16, 17 /01/2003, sito Studi Biblici pagina http://www.studibiblici.it/Conferenze/IL_DIO_IMPOTENTE.pdf.

Ritraggo l'aspetto di Dio che serve gli uomini presentato da Gesù con la parola e con il suo stesso comportamento a favore del prossimo.

C'è fortissimo contrasto fra tale figura e la tremenda immagine di Dio che veniva presentata nell'insegnamento ecclesiastico precedente il Vaticano II, concilio che ha rivolto lo sguardo della Chiesa al Cristianesimo del I secolo, anzitutto approfondendo lo studio dei Testamenti e del Nuovo in particolare, indagati nelle loro lingue originali, non più sull'imprecisa traslazione in latino di san Girolamo.

Il Dio che serve

Siamo nella notte tra giovedì e venerdì della settimana in cui cade la Pasqua ebraica, nel mese di aprile dell'anno 30 (secondo alcuni, nell'anno 33: al riguardo si può andare al mio saggio "Gesù, nato nel 6 'a.C.', crocifisso nel 30: un approccio storico", Prospettiva Editrice, 2003, libro da diverso tempo fuori catalogo ma scaricabile dal Web come e-book gratuito a cura e copyright dell'autore. La vita pubblica di Gesù s'avvia ormai alla conclusione. Rimangono le sue passione e morte e quindi la Risurrezione, questa però non sarà manifestata a tutti, riguarderà solo gli apostoli e i discepoli, cioè la prima Chiesa, che riceveranno da Cristo l'ordine di comunicare essi stessi la buona notizia di lui risorto e salvatore (leggi ad esempio Matteo 28, 16-20) e suscitarne la fede negli ascoltatori: Afferma Pietro nel libro neotestamentario Atti degli apostoli: "[…] E noi siamo testimoni di tutte le cose da lui compiute nella regione dei Giudei e in Gerusalemme. Essi lo uccisero appendendolo a una croce, ma Dio lo ha risuscitato al terzo giorno e volle che apparisse, non a tutto il popolo, ma a testimoni prescelti da Dio, a noi, che abbiamo mangiato e bevuto con lui dopo la sua risurrezione dai morti. E ci ha ordinato di annunziare al popolo e di attestare che egli è il giudice dei vivi e dei morti costituito da Dio. Tutti i profeti gli rendono questa testimonianza: chiunque crede in lui ottiene la remissione dei peccati per mezzo del suo nome" (At 10, 39-43).

Come recita il vangelo secondo Giovanni, libro ricchissimo di simboli, nella notte tra giovedì e venerdì di poco precedente la sua passione e morte Gesù, nel corso dell'ultima cena, ammaestra e rassicura i suoi; e li istruisce anche con un atto: lavando loro i piedi. Quel lavacro è in primo luogo emblema della passione e morte cui è ormai prossimo: a differenza degli altri Vangeli quello giovanneo presenta tutta la passione di Cristo come una marcia trionfale verso la glorificazione, la stessa croce è il suo trono di re dell'universo, la sofferenza psichica e fisica è simboleggiata in sintesi nel lavaggio dei piedi ai suoi. Però non c'è un solo simbolo in quell'atto. Con esso Gesù dà allegoricamente il più grande degli insegnamenti, che ribadirà subito dopo con la parola: il comandamento nuovo del servizio al prossimo, che è manifestazione d'amore non solo verso il proprio simile, ma verso Dio, quel Dio infinito che l'uomo, nella propria limitatezza, non può amare-adorare adeguatamente se non di riflesso, volendo bene a ogni essere umano che incontra e in cui Gesù-Dio si rispecchia.

Secondo il vangelo di Matteo Cristo aveva già detto ai suoi: "Quando il Figlio dell'uomo verrà nella sua gloria con tutti i suoi angeli, si sederà sul trono della sua gloria. E saranno riunite davanti a lui tutte le genti, ed egli separerà gli uni dagli altri, come il pastore separa le pecore dai capri, e porrà le pecore alla sua destra e i capri alla sinistra. Allora il re dirà a quelli che stanno alla sua destra: Venite, benedetti del Padre mio, ricevete in eredità il regno preparato per voi fin dalla fondazione del mondo. Perché io ho avuto fame e mi avete dato da mangiare, ho avuto sete e mi avete dato da bere; ero forestiero e mi avete ospitato, nudo e mi avete vestito, malato e mi avete visitato, carcerato e siete venuti a trovarmi. Allora i giusti gli risponderanno: Signore, quando mai ti abbiamo veduto affamato e ti abbiamo dato da mangiare, assetato e ti abbiamo dato da bere? Quando ti abbiamo visto forestiero e ti abbiamo ospitato, o nudo e ti abbiamo vestito? E quando ti abbiamo visto ammalato o in carcere e siamo venuti a visitarti? Rispondendo, il re dirà loro: In verità vi dico: ogni volta che avete fatto queste cose a uno solo di questi miei fratelli più piccoli, l'avete fatto a me"(Mt 25, 31 - 40).

L'episodio della lavanda dei piedi ci è raccontato dal vangelo di Giovanni: "Prima della festa della Pasqua, sapendo che era giunta la sua ora di passare da questo mondo al Padre, dopo aver amato i suoi che erano nel mondo, li amò sino alla fine. Mentre cenavano, quando già il diavolo aveva messo in cuore a Giuda Iscariota, figlio di Simone, di tradirlo, Gesù sapendo che il Padre gli aveva dato tutto nelle mani e che era venuto da Dio e a Dio ritornava, si alzò da tavola, depose le vesti e preso un asciugatoio, se lo cinse attorno alla vita. Poi versò dell'acqua nel catino e cominciò a lavare i piedi dei discepoli e ad asciugarli con l'asciugatoio di cui si era cinto" (Gv 13, 1-5). "Quando dunque ebbe lavato loro i piedi e riprese le vesti, sedette di nuovo e disse loro: 'Sapete ciò che vi ho fatto?' " (Gv, 13, 12). Ho omesso per immediatezza i versetti da 6 a 11 che qui non sarebbero serviti.

Non so se il lettore abbia notato che Giovanni evangelista, a quanto pare, non s'è ricordato di far togliere il grembiule a Gesù: mentre nell'apprestarsi a servire i suoi amici Cristo s'era alzato, s'era tolte le vesti (simbolo della sua morte corporale) e s'era cinto il grembiule-asciugatoio, compiuta l'opera si rimette sì le vesti (simbolo della risurrezione del suo corpo, in forma gloriosa e spirituale come recita il Nuovo Testamento nella 1 Corinzi paolina, e si ripone a mensa, ma il grembiule, non se lo toglie più. Certo è che quest'omissione è stata notata dall'esegesi biblica (cfr. Alberto Maggi, testo della sua conferenza "Il Dio impotente", cit.) che ne ha rilevato l'importanza teologica: non è affatto una dimenticanza, tanto Giovanni quanto gli altri evangelisti nulla per caso omettono o inseriscono, c'è ogni volta un simbolo non solo sotteso al loro discorso, come qui il togliersi e il rimettersi il mantello, ma pure in ciò ch'essi emblematicamente tralasciano, come qui, appunto, il fatto di non levarsi più il grembiule con cui ha lavati i piedi dei discepoli. Gesù mai se lo toglierà perché egli è sempre al servizio degli uomini non solo come uomo nella sua vita terrena ma come Dio; egli s'è svuotato all'apparenza della sua maestà infinita per servire gli uomini, figli del Padre e amici fraterni suoi. Si legge altrove nel vangelo secondo Giovanni: "Non vi chiamo più servi, perché il servo non sa ciò che fa il padrone. Vi ho chiamati amici, perché tutto quello che ho udito dal Padre mio ve l'ho fatto conoscere" (Giovanni 15, 15). Ho scritto all'apparenza perché servire per amore è vero primeggiare, non si tratta d'umiliazione ma d'elevazione, come Gesù aveva già spiegato agli apostoli, nel vangelo di Marco (**Mc 9, 35**), prima dell'ultima cena: "Allora, sedutosi, chiamò i Dodici e disse loro: *'Se uno vuol essere il primo, sia l'ultimo di tutti e il servo di tutti'"*. Cristo testimonia così che la sua maestà divina si basa sull'amore e, quindi, se l'essere umano vuol essere divinizzato in lui Figlio-Dio, deve a sua volta servire il prossimo, esattamente come lui. Gesù non fa nulla da sé, l'ha visto fare dal Padre che, per il Cristianesimo, costituisce col Figlio e lo Spirito Santo un unico e solo Dio.

Lo Spirito Santo, secondo il mistero trinitario cristiano, è tanto Spirito del Padre che ama il Figlio quanto Spirito del Figlio che ama il Padre, ma se ne distingue in quanto è vera Persona divina e non sentimento, in quanto è Amore infinito e l'infinito è solo divino; questo infinito Amore deborda inoltre, secondo la teologia cristiana, sugli esseri umani, chiamati alla divinizzazione in eterno nella Persona del Figlio glorioso, grazie al sacrificio nel tempo del medesimo Figlio incarnato.

Cristo trae dalla Prima Persona ed è unico Dio col Padre stesso e con lo Spirito; dice ai suoi discepoli: "Chi vede me vede il Padre" (Gv 14, 9); "Chi crede in me non crede in me, ma in Colui che mi ha mandato. E chi vede me vede Colui che mi ha mandato" (Gv 12, 44). Dunque, il lavaggio dei piedi è in primo luogo svolto dall'Essere del Padre, nel senso che questi ne ha l'atteggiamento spirituale, che servire l'uomo fa parte della sua stessa essenza. È qualcosa d'inusitato, anzi di scandaloso al tempo di Gesù, secondo la mentalità fondata sulla Legge dell'élite d'Israele, cioè di coloro che appartengono o ruotano attorno al tempio e al sinedrio, una sorta di senato politico e religioso in Gerusalemme. Costoro insegnano che Jahvè è l'onnipotente legislatore e giudice, la maestà somma che neppure si può nominare, la divinità che ognuno deve servire incondizionatamente con tremore; e affermano che se uno tradisce tale dovere, Dio lo punisce, in primo luogo inviando disgrazie e infermità allo stesso fedifrago e ai suoi discendenti e poi non concedendo loro la vita eterna.

Non tutti i capi d'Israele peraltro credono alla sopravvivenza dopo la morte, solo i membri del partito dei farisei. L'idea della risurrezione dei morti non è antichissima, è nata presso gli ebrei solo verso il II secolo a.C. e ancora ai tempi di Gesù il vertice dell'élite religiosa d'Israele, vale a dire i sadducei dalla cui setta vengono i sacerdoti del tempio di Gerusalemme, pensa che premi e castighi, tanto sull'interessato che sui suoi discendenti, siano in questa vita e dopo la morte non ci sia nulla. La vita eterna è un concetto strettamente farisaico e dalla setta dei farisei è passata al popolo; è su questa tradizione che s'inserisce, innovando, Gesù Cristo che, secondo il Cristianesimo, è la primizia tra i risorti e la causa della risurrezione di tutti gli altri.

Anticamente la peggior malattia nel sentire comune è la lebbra, non solo perché è in quei tempi inguaribile, ma in quanto è considerata la punizione divina per i peccati più gravi. La Torah, cioè la Legge ebraica, impone al lebbroso isolamento assoluto dal resto del popolo. Egli è un reietto che, uscendo in pubblico, deve gridare a tutti il proprio stato perché gli altri si ritirino al suo passaggio, non solo per non esserne contagiati ma, prima di tutto, perché ne sorgerebbe impurità religiosa e non si potrebbe tornare ad adorare Dio nel tempio se non dopo una lunga serie di atti di purificazione: l'ordine è stato invertito nel corso del tempo, il vero scopo, la salute generale, ch'era stato ammantato di religione dai sacerdoti antichi per favorire l'obbedienza alla norma, è diventato secondario, anzi lo strumento è divenuto fine. Al tempo di Gesù il lebbroso è dunque visto come un peccatore imperdonabile ed è già come morto per la società. Cristo, iniziando la vita pubblica, dà un primo, fortissimo segno di chi è davvero Dio guarendo un lebbroso; addirittura, rendendosi impuro secondo la mentalità corrente, lo tocca, quell'intoccabile, con grande scandalo dei benpensanti del tempo. S'impegna insomma nel ribaltare la mentalità sociale: Dio, per amore, si pone volutamente al servizio degli uomini e non chiede d'essere servito ma imitato; purità e impurità stanno nelle decisioni buone o cattive e in nient'altro. Figuriamoci come possono accogliere questa Rivelazione i sacerdoti e gli scribi-farisei! D'un Dio che serve non s'era mai sentito parlare né mai più s'udrà in qualsivoglia altra religione: per tutte le altre credenze Dio vuol essere servito dagli uomini che ha creato, altro che servirli! Nel Cristianesimo, come recita il libro Atti degli Apostoli, "il Dio che ha fatto il mondo e tutto ciò che contiene, che è signore del cielo e della terra, non dimora in templi costruiti dalle mani dell'uomo né dalle mani dell'uomo si lascia servire come se avesse bisogno di qualche cosa, essendo lui che dà a tutti la vita e il respiro e ogni cosa" (At 17, 24-25). Dove va dunque a finire il potere dei sacerdoti, che esercitando nel tempio fungono da tramiti con la Divinità? Dove quello degli scribi, cioè dei dottori della Legge? Il Nuovo

Testamento, nella prima lettera di Pietro, ci dice che la Chiesa è interamente un popolo di sacerdoti: "Ma voi siete la stirpe eletta, il sacerdozio regale, la nazione santa, il popolo che Dio si è acquistato perché proclami le opere meravigliose di lui che vi ha chiamato dalle tenebre alla sua ammirabile luce" (1 Pt 2, 9)".Poiché ogni cristiano fa parte della Chiesa e dunque ciascuno è sacerdote, anche il credente laico può rivolgersi direttamente a Dio, non c'è più bisogno d'intermediari potenti e prezzolati come in Israele. Col Cristianesimo c'è solo più la figura del presbitero (parola di solito contratta in prete), alla lettera dell'anziano, l'unico abilitato dalla Chiesa a consacrare l'Eucaristia, ma non c'è più quella del sacerdote che offre animali in sacrificio a Jahvè per conto dei fedeli. Nell'Eucaristia il cristiano credente e praticante si sente ed è davvero in comunione diretta con Dio: parlo di cattolici e ortodossi e in genere di quei fedeli che credono alla reale presenza di Cristo risorto nel pane e vino consacrati.

Normalmente i protestanti ritengono l'Eucaristia un semplice ricordo dell'ultima cena di Gesù. Non però i luterani, per Lutero Cristo era realmente presente nell'Eucaristia stessa, secondo quella ch'egli chiamava la *consustanziazione*: per lui la sostanza di pane e vino restava invariata ma si aggiungeva la presenza reale di Cristo in seguito alla consacrazione.

Questo Dio che ama senza condizioni è un'idea sconvolgente che libera infine dal timore e riempie di gioia i membri della prima Chiesa, ma che è talmente contraria al senso comune che, dopo un tempo non lunghissimo, in non pochi cristiani s'offusca, nonostante sia scritta ben chiara nel Nuovo Testamento.

Un Dio mal inteso

Anche oggi ci sono credenti che intendono Dio più com'era concepito prima del Cristianesimo che com'è presentato da Gesù nei Vangeli: non il Dio che riempie di meraviglia perché totalmente diverso da quello che la mente umana concepisce, ma delineato a imitazione di quell'egocentrico dell'uomo. Di fondo, Dio è concepito da quei cristiani come l'irritabile e sovente offeso Jahvè di molti versetti della Prima Scrittura (anche se la figura del Dio amoroso non è affatto assente nel Vecchio Testamento, come ho illustrato nella già citata opera "Il Vento dell'Amore, un approccio storico alla progressiva Rivelazione di Dio-Amore nel Primo Testamento".

Se parte dei fedeli vede Dio come la severa e a volte adirata Divinità presentata in passi veterotestamentari, tra gli atei, termine peraltro assai generico[7], vi sono coloro

---

[7] A proposito della parola "atei" e di altri termini analoghi, la costituzione pastorale conciliare Gaudium et Spes recita: "Con il termine 'ateismo' vengono designati fenomeni assai diversi tra loro. Alcuni negano esplicitamente Dio; altri ritengono che l'uomo non possa dir niente di lui; altri poi prendono in esame il problema relativo a Dio con un metodo tale per cui il problema sembra privo di senso. Molti, oltrepassando indebitamente i confini delle scienze positive, o pretendono di spiegare tutto solo da questo punto di vista scientifico, oppure al contrario non ammettono ormai più alcuna verità assoluta. Alcuni tanto esaltano l'uomo, che la fede in Dio ne risulta quasi snervata, inclini come sono, così pare, ad affermare l'uomo più che a negare Dio. Altri si rappresentano Dio in modo tale che quella rappresentazione che essi rifiutano, in nessun modo è il Dio del Vangelo. Altri nemmeno si pongono il problema di Dio, in quanto non sembrano sentire alcuna inquietudine religiosa né riescono a capire perché dovrebbero

che immaginano addirittura che il Dio dei cristiani non sia molto diverso da uno Zeus o da un Baal, sia cioè come un divo pagano che disprezza gli esseri umani ed è sempre pronto a castigare chi non gli renda culto a puntino o si metta in luce per qualche buona qualità. Per queste persone Dio non esiste perché, se esistesse, sarebbe comunque solo un prepotente tiranno degli uomini minacciante l'inferno per qualsivoglia loro sbaglio e dunque, essendo invece Dio perfetto per definizione e dunque buono, per loro Dio non può esistere.

Una mentalità simile si trova in una particolare categoria di credenti, quella degli adoratori del diavolo i quali, mentre a differenza dei precedenti credono nell'esistenza di Dio, come i primi ne mal intendono però la figura e, in nome d'una presunta libertà dal divino tiranno, scelgono di finire nella morte eterna: appunto l'inferno. Questo è recepito invece normalmente da atei e agnostici non come la privazione di Dio (cioè il nulla, ché ogni esistere è in Dio) ma alla lettera, per così dire alla Dante.

Studi derivati dal Vaticano II hanno sgomberato luoghi comuni che s'erano accumulati nei secoli, tra i quali l'intendere obbligatoriamente alla lettera l'inferno. Dispiace però che questi argomenti siano stati poco diffusi anche tra i credenti. Avevo provato a suo tempo a renderli meno ignoti nel saggio "La vita eterna – Saggio sull'immortalità tra Dio e l'uomo", Prospettiva Editrice, 2002. Esso è da molto fuori catalogo,

interessarsi di religione. L'ateismo inoltre ha origine non di rado o dalla protesta violenta contro il male del mondo, o dall'aver attribuito indebitamente i caratteri propri dell'assoluto a qualche valore umano, così che questo prende il posto di Dio (Concilio Vaticano II, costituzione pastorale Gaudium et spes, 7, parte I, capitolo I, numero 19).

tuttavia si può ritrovare lo stesso argomento in un'altra mia opera assai più recente, edita da Tektime in libro e in e-book: "La Trasformazione, saggio sull'eterno corpo glorioso spirituale e sul nulla eterno infernale".

In fondo quest'idea d'una divinità autoritaria e le gerarchiche società umane che ne scaturivano in passato, e ancora ne derivano in certo monoteismo non cristiano, non fanno che rispecchiare la situazione che in natura per gli animali è la norma, branco sotto capo branco, api sterili al servizio dell'ape regina produttrice di uova e così via. Si tratta di aspetti naturali dai quali il seguace di Cristo deve prendere le distanze se vuol essere veramente cristiano. L'incarnazione di Cristo lo ha reso libero dalla schiavitù alla sua parte animale egocentrica, a quel peccato originale che gl'impediva di salire a Dio perché lo induceva a considerarsi il centro del mondo e a difendere, appunto come un animale, un suo esclusivo territorio. A ben vedere, questa presa di distanza dall'animalità dovrebbe valere, prescindendo da un credo religioso, non solo per il seguace di Gesù ma per chiunque desideri semplicemente che la vita sia più serena, cioè penserei proprio per tutti.

Peraltro il mito russoviano del buon selvaggio nella buona madre natura non è ancora sulla via di morire, nonostante la contraria idea di tante menti geniali, anche non credenti, come quella del Leopardi per cui, com'è ben noto, la natura era matrigna. Giacomo Leopardi, come avevo già notato nella Prefazione era un gran lettore del libro veterotestamentario Qoelet per il quale tutto è vano e pure l'uomo è vanità destinata a sparire come ogni altra cosa. Egli era battezzato ma non credente, mentre solo alla luce del Salvatore ha un chiaro senso l'inserimento del Qoelet nella Bibbia cristiana, per indicare quale sarebbe la situazione dell'uomo senza Cristo. Mancando invece la sua luce, il Qoelet può indurre al pessimismo: uno dei motivi, questo, per cui il cristiano deve studiare prima, a fondo, il Nuovo Testamento e poi andare al Vecchio.

Poiché secondo il Giudaismo e il Cristianesimo per il Creatore tutto il creato è buono e bello, come Dio stesso afferma all'inizio della Genesi, ci si potrebbe chiedere: Non è questo, forse, in contraddizione con quanto s'è detto a proposito dell'animalità nell'uomo da tenere a freno da parte della sua spiritualità? La risposta è negativa; è infatti in dottrina (almeno per i cattolici: Concilio di Trento) che, nonostante il battesimo, resta nel cristiano la cosiddetta concupiscenza, cioè la naturale attitudine a soddisfare il proprio egoismo. Perché mai rimane? Perché è grazie a quest'istinto animale che l'essere umano può scegliere di peccare invece d'amare, per cui egli è libero e non un burattino; e la libertà è bene, mentre sarebbe male essere un fantoccio, anche se gaudioso. Ci ritorneremo nel prossimo paragrafo. Si può aggiungere subito che, peraltro, ci sono esseri umani che preferirebbero essere ebeti piuttosto che soffrire psicologicamente le difficoltà della vita, persone che, per dimenticarle, possono giungere a stordirsi con l'abuso di alcol o l'uso di droghe. Resta tuttavia il fatto che la libertà è un bene in sé.

Bisogna evitare la comprensione alla lettera di quei passi della Genesi nei quali, peccando, Adamo distrugge l'equilibrio suo e della natura nel quale era stato creato e di cui Dio era soddisfatto all'inizio, ma dopo il peccato non più. Infatti l'interpretazione più recente dei medesimi passi ritiene che l'anonimo autore, ispirato, abbia voluto simboleggiare nella felicità edenica d'Adamo ed Eva quella società buona che non c'è mai stata, ma che ci sarebbe se gli uomini non peccassero: il peccato d'Adamo, vale a dire de L'uomo, è l'archetipo d'ogni peccato degli umani di ogni tempo; così, in sostanza, l'autore ci ha invitati a costruire un paradiso terrestre qui e adesso, rifiutando il peccato.

Il dio Caso - Perché il dolore?

Come rileva nela sua interessante opera Rémy Chauvin "Dio delle stelle Dio delle formiche"[8], biologo docente alla Sorbonne e già direttore del Centro per la Ricerca Scientifica francese, la violenza in natura, con animale che divora animale (e, aggiungo, uomo che aggredisce uomo quando s'abbandoni all'istinto bestiale) "spinge molti verso gli altari del dio Caso, altrettanto crudele, ma almeno non intelligente. Si tratta di un'obiezione enorme, che ci tortura da millenni. Menti eccelse si sono occupate del problema e hanno concluso che ogni sofferenza deriva dalla finitezza della materia. È l'essere incompleti che genera il dolore: un animale deve nutrirsi per sopravvivere e, così facendo, molto spesso divora gli altri animali"; e qui, lo Chauvin mette in scena gli autotrofi, batteri che, caso unico, si nutrono di

---

[8] Rémy Chauvin, Dio delle stelle Dio delle formiche, traduzione dal francese di Giacomo Gastone, cit.

minerali e non di altri viventi. Pone quindi al lettore la retorica domanda: "Perché il Costruttore non ha creato solo esseri autotrofi?". La risposta che fornisce si concilia molto bene col Cristianesimo. Risponde che "ciò è avvenuto perché l'intelligenza, che si configura come uno degli scopi essenziali dell'evoluzione, non avrebbe potuto svilupparsi che in eterotrofi (come l'uomo – N.d.A.). [...] Se il Costruttore ha potuto tollerare la sofferenza sia animale che umana perché il cosmo potesse dare luce all'intelligenza, ciò vuol dire che essa è davvero una qualità essenziale".

Puntualizzo, richiamandomi al paragrafo precedente, che è di fede per il Cristianesimo antico, e ancor oggi per cattolici e ortodossi, che l'uomo è creato libero perché scelga in coscienza tra bene e male grazie alla sua intelligenza.

Bisogna attendere circa 1500 anni dall'inizio del Cristianesimo perché Lutero e Calvino proclamino, ben oltre i chiaroscuri di sant'Agostino, la predestinazione e, in questa presunta assenza di libertà dell'uomo, vanifichino la bellezza d'essere liberi e tutti figli di Dio.

Dunque l'intelligenza è indispensabile all'esercizio della libertà mentre (Chauvin) il dolore in natura lo è all'intelligenza.

Certo, come scrive ancora lo scienziato, restano nascoste le motivazioni di fondo del Creatore nel costruire l'universo così com'è, s'ignora ad esempio perché mai abbia scelto tante volte procedimenti biologici assai complicati quali "i meccanismi pazzeschi che presiedono alla fecondazione delle orchidee"; e perché abbia ordinato in modo ributtante certi processi, come quello di sviluppo e sussistenza del verme solitario parassita dell'uomo: "Cosa vanno cercando i parassiti nelle loro inverosimili migrazioni nel più intimo degli esseri viventi?". Comunque, ciò che davvero deve contare per chi ha fede nella Rivelazione giudeo-cristiana è sapere che, come già ci diceva l'esperienza e come conferma la biologia, all'intelligenza, e dunque alla libertà, sono necessari i triboli, e Dio ci ha creati liberi e non pupazzi immeritevoli perché, come dice Giovanni nella sua prima Lettera, egli è Amore: "Carissimi, amiamoci gli uni gli altri perché l'amore è da Dio: chiunque ama è generato da Dio e conosce di Dio. Chi non ama non ha conosciuto Dio, perché Dio è amore" (1 Gv 4, 7-8). Chi ama davvero non può volere la schiavitù dell'amato, e meno che mai può volerla Dio, il perfetto per definizione e l'Amore in Persona. Secondo il Cristianesimo, l'intenzione di fondo del Creatore è divinizzarci, proprio come è eternamente sia umana sia divina la seconda Persona della Trinità, il Figlio: Dio non si fa uomo ma È uomo nel suo stesso eterno Essere. La via della nostra divinizzazione consiste nella comune esperienza in terra tanto di Dio che nostra, esperienza libera e, perciò, anche per Dio stesso nel rischio e nella sofferenza fino alla morte; e consiste nella sua risurrezione che, sempre nella comunione di vita con noi, ha come conseguenza la nostra individuale assunzione dopo la morte alla sua sempiterna vita divina. Molti non sanno queste cose con chiarezza: anche tanti cristiani conoscono poco il Cristianesimo e, quel poco, piuttosto male.

Il concilio Vaticano II ha affermato che tra le cause del rifiuto di Dio da parte di non poche persone della nostra società, primaria è l'incapacità di molti credenti di spiegare agli altri il vero Dio di Gesù, perché sono i primi a non conoscerlo davvero e, a volte, addirittura a confonderlo con una sorta di celeste monarca assoluto:

"Nella genesi dell'ateismo possono contribuire non poco i credenti, in quanto per aver trascurato di educare la propria fede, o per una presentazione fallace della dottrina, o anche per i difetti della propria vita religiosa, morale e sociale, si deve dire piuttosto che nascondono e non che manifestano il genuino volto di Dio e della religione".[9]

Nel Cristianesimo che ha radici nella Chiesa antica, vale a dire il cattolico e l'ortodosso, corre la pratica di rivolgersi ai santi affinché intercedano presso Dio. Tale prassi era indirizzata dapprima ai soli martiri, ma la venerazione s'estese presto a persone vissute secondo l'esempio di Cristo, anche se morte naturalmente. Contrariamente a quanto ritengono i protestanti, questa pratica non è blasfema, perché fa riferimento all'idea cristiana di vita eterna dei beati divinizzati grazie a Cristo, contenuta in particolare nella prima lettera di Giovanni: si tratta d'una comunione di persone beate entro quella divina del Figlio; quindi, rivolgersi a un

---

[9] Concilio Vaticano II, costituzione pastorale Gaudium et spes, 7, parte I, capitolo I, numero 19.

santo è come indirizzarsi direttamente a Dio.

Ovviamente sono da respingere i casi in cui si perde il limite, arrivando a considerare le sante e i santi quali autori personali delle cosiddette grazie o, persino, più potenti di Dio. Peraltro certe persone, anche quando considerino i santi inferiori al Signore, vedono un po' l'Aldilà come una corte regale dove i cortigiani possono indurre il sovrano alla benevolenza verso qualche loro protetto; in tali casi la preghiera indiretta ha come base l'idea d'un Dio autoritario da impetrare con tremore avvalendosi della raccomandazione di persone beate a lui gradite, un atteggiamento che, come i Vangeli insegnano, Gesù Cristo non desidera affatto: il dono dello Spirito Santo detto *timor di Dio* non ha nulla a che fare con la soggezione impaurita. Non è sicuramente lo stato d'animo che nella Genesi spinge Adamo ed Eva, dopo il peccato, a "nascondersi dal Signore Dio in mezzo agli alberi del giardino"[10]. Il timor di Dio non esclude l'inquietudine quando si sia commessa colpa e prima della riparazione, ma è comunque qualcosa di positivo, è quell'affidarsi allo Spirito di Dio che purifica secondo l'esortazione di san Paolo: "Carissimi, purifichiamoci da ogni macchia della carne e dello spirito, portando a termine la nostra santificazione, nel timore di Dio"[11].

In un passato non molto lontano l'atteggiamento di

---

[10] Gen 3,8
[11] 2 Cor 7, 1

allarmata sudditanza riceveva addirittura incoraggiamento dal magistero della Chiesa. Come ricordo per diretta esperienza, in età giovanissima, ancora negli anni '50 del XX secolo, ormai poco prima dell'ultimo concilio ecumenico, il catechismo di Papa Pio X che, sui sette anni, bisognava studiare a memoria nelle sue parti principali per mostrare di possedere le prime basi di Cristianesimo e poter quindi accedere alla prima Comunione e alla Cresima, recitava fra l'altro:

13. Per qual fine Dio ci ha creati?

Dio ci ha creato per conoscerlo, amarlo e servirlo in questa vita, e per goderlo poi nell'altra in paradiso.

[...]

15. Chi merita il paradiso?

Merita il paradiso chi è buono, ossia chi ama e serve fedelmente Dio e muore nella sua grazia.

Un Dio che vuol essere servito non è quello amoroso di Cristo, è il duro Jahvè della Legge di certi passi veterotestamentari; eppure, essendosi l'idea fissata nelle menti dei fedeli sin da bambini, era proprio quello il Signore-Padrone che si continuava a immaginare da adulti, con tanti conseguenti passaggi nella miscredenza insofferente o, almeno, nell'indifferenza agnostica: lo affermo per diretta esperienza, poi rientrata e seguita da un ritorno, maturo però, alle origini grazie a molte letture di studi post-conciliari sul Cristianesimo. Penso che, prima di quel concilio, non molti sentissero un vero desiderio d'amare Dio, e che si trattasse piuttosto, per chi continuava a credere e praticare, di reverenziale timore. Dopotutto il precetto di conoscere il Signore (da non confondere con Padrone) era disatteso proprio dai compilatori dello stesso catechismo, era da loro mostrato un Essere egocentrico che voleva l'omaggio degli umani, creati in funzione sua propria, un Dio che alla fine, come un antico sovrano, ricompensava eternamente chi l'avesse servito bene: vale a dire, data la debolezza dell'uomo, quasi nessuno, mentre tutti gli altri non erano ammessi in Paradiso.

Riferiamoci di nuovo, in merito, al vecchio catechismo, il cui articolo 17 recitava:

17. Che cos'è l'inferno?

L'inferno è il patimento eterno della privazione di Dio, nostra felicità, e del fuoco, con ogni altro male senza alcun bene.

No, semmai, secondo i chiarimenti della teologia cattolica sviluppatasi per impulso del concilio ecumenico Vaticano II, sarà il peccatore, se in piena coscienza lo vorrà, a escludersi da Dio scegliendo infine di non chiedergli d'andare a lui nell'eterna Vita-Amore e, restando impenitente, scegliendo di cadere in quella seconda morte di cui parla il Nuovo Testamento, la morte eterna comunemente detta inferno. È stato scritto a proposito di questo *autogiudizio*, e mi pare condivisibile: "Ci sembra che si possa parlare di autogiudizio nel senso che il giudizio ha un nesso intrinseco con la vita di quaggiù, liberamente determinata dall'uomo stesso, e risulta così come il coronamento degli autogiudizi terreni spassionati; inoltre, nel senso che l'uomo stesso non vi rimane passivo, ma prende coscienza del suo stato, e non soltanto accetta, ma vuole, per amore o per odio, la sorte che ne deriva, di unione con Dio o di separazione da lui. Ma nonostante ciò, il giudizio è anzitutto un giudizio di

Dio: tanto perché le leggi per cui l'autogiudizio avviene sono state poste da lui e nessuno può sfuggirvi; quanto perché Dio vi interviene direttamente, sia con l'affermare Cristo come criterio oggettivo di giudizio *(la conformità o no al suo esempio d'amore – N.d.A.)*, sia, per quanto riguarda i soli eletti, con l'elargire loro la gloria eterna"[12]. Si consideri che già il Primo Testamento, nel libro Sapienza, parla in sostanza di autogiudizio: la visita d'ispezione (episkopé), in altre parole il giudizio finale, mentre indirizza i giusti alla vita eterna in Dio, conduce i malvagi alla dannazione a mezzo della loro stessa autocritica: "[…] Abbiamo dunque deviato dal cammino della verità / la luce della giustizia non è brillata per noi […]"[13].

Non meraviglia che Dio, non inteso come Padre amoroso ma concepito come un severo re-padrone onnipotente, fosse presentato inoltre in quel tempo nei corsi di Cristianesimo, persino al di là del Dio della Legge veterotestamentario, secondo la teologia d'*Anselmo d'Aosta*, vale a dire, sostanzialmentre, come una divinità offesa infinitamente, perché Essere infinito, dalla colpa d'Adamo e di Eva, un Dio che aveva voluto una riparazione altrettanto infinita, sacrificando nel sangue il proprio stesso Figlio-Dio, per concedere il perdono ai progenitori e a noi loro discendenti. Il punto è invece un altro, è la partecipazione di Dio alle umane vicende, sino alla morte sanguinosa causata dalla libertà

---

[12] Cfr. l'editoriale Il giudizio particolare dopo la morte, cit., che a questo riguardo richiama A. Ridoni, Escatologia, Marietti, Torino 1972, 63 s.; cfr anche L'inferno: riflessioni su un tema dibattuto, in La civiltà cattolica, cit.

[13] Sap 5, 1-13

concessa da Dio stesso all'uomo – nel caso la libertà dei capi d'Israele nemici di Gesù di volerlo giustiziato e di Ponzio Pilato che su loro istigazione lo condannò a morte –, allo scopo di divinizzare l'uomo grazie a lui e in lui, Seconda Persona divina ovvero il Figlio.

Non mi parrebbe sbagliato vedere inoltre nell'Incarnazione una pertinenza della reale umanità della Seconda Persona divina, che è sì uomo *glorioso spirituale* nel suo Essere eterno, come sappiamo dal Nuovo Testamento e precisamente da san Paolo[14], ma che può aver voluto anche l'esperienza della vita su questa terra in corpo materiale, proprio come noi, attuando, per dirla con espressione tipicamente biblica, *la pienezza delle pienezze* di comunione con noi stessi. Dice Paolo nella lettera ai Colossesi: "...poiché *in lui* sono state create tutte le cose, quelle nei cieli e quelle sulla terra, quelle visibili e quelle invisibili: Troni, Dominazioni, Principati e Potestà. Tutte le cose sono state create *per*

---

[14] "Ma qualcuno dirà: «Come risorgono i morti? Con quale corpo verranno?.Stolto! Ciò che tu semini non prende vita, se prima non muore. Quanto a ciò che semini, non semini il corpo che nascerà, ma un semplice chicco di grano o di altro genere. Così anche la risurrezione dei morti: è seminato nella corruzione, risorge nell'*incorruttibilità*; è seminato nella miseria, risorge nella *gloria*; è seminato nella debolezza, risorge nella *potenza*; è seminato corpo animale, risorge corpo *spirituale*. Se c'è un corpo animale, vi è anche un corpo spirituale. Sta scritto infatti che il primo *uomo*, Adamo, *divenne un essere vivente,* ma l'ultimo Adamo *(cioè Cristo N.d.A.)* divenne spirito datore di vita. Non vi fu prima il corpo spirituale, ma quello animale, e poi lo spirituale. Il primo uomo, tratto dalla terra, è fatto di terra; il secondo uomo viene dal cielo. Come è l'uomo terreno, così sono quelli di terra; e come è l'uomo celeste, così anche i celesti. E come eravamo simili all'uomo terreno, così saremo simili all'uomo celeste" (1 Cor. 15, 35-49); "Aspettiamo come salvatore il Signore Gesù Cristo, il quale trasfigurerà il nostro misero corpo per conformarlo al suo corpo glorioso" (Fil 3,21). Si noti che il termine *corpo* indicava anticamente presso gli ebrei, e quindi anche per il fariseo Paolo, la persona intera in corpo e anima (psiche), per cui *corpo* glorioso spirituale si può leggere modernamente *persona* gloriosa spirituale

mezzo di lui e in vista di lui"[15].

A scanso d'equivoci, può essere bene precisare che non sottintendo che la gerarchia della Chiesa del XIX secolo e degli anni del XX precedenti l'ultimo concilio non fosse per nulla illuminata dalla parola di Dio, anche se sicuramente ci furono, con altre positive, prese di posizione più controproducenti che utili, come quella di Papa Pio X, dell'8 settembre 1907 con l'enciclica "Pascendi Dominici", contro il cosiddetto modernismo: si può leggerne il testo completo alla pagina Internet del sito del Vaticano:
http://www.vatican.va/holy_father/pius_x/encyclicals/documents/hf_p-x_enc_19070908_pascendi-dominici-gregis_it.html

La condanna dell'enciclica "Pascendi Dominici", *non dogmaticamente espressa*, rientrò poi col Vaticano II.

Altre due prese di posizione viceversa, benché oggetto di aspre critiche quando furono manifestate, erano splendidamente anticipatrici; si tratta della condanna del socialismo massimalista e di quella dello sfrenato liberismo economico contenute nell'enciclica del 15 maggio 1891 "Rerum novarum"[16] di Papa Leone XIII: mentre vi si biasimava il liberismo senza calmiere, affiancandosi così alle critiche marxiste dello sfruttamento dei lavoratori da parte d'un capitalismo selvaggio, con grandissimo anticipo vi si prevedevano e condannavano, per contro, quelle storture del socialismo

---

[15] Col 1,16

[16] Si può leggere il testo completo alla pagina Internet del sito del Vaticano:
http://www.vatican.va/holy_father/leo_xiii/encyclicals/documents/hf_l-xiii_enc_15051891_rerum-novarum_it.html)

massimalista che cent'anni dopo, alla caduta dell'Unione Sovietica, gli stessi dirigenti comunisti avrebbero ammesse. Rispettivamente era scritto, fra l'altro:

"[...] I proletari [...] per la maggior parte trovansi indegnamente ridotti ad assai misere condizioni [...] soli e indifesi in balia della cupidigia dei padroni e di una sfrenata concorrenza [...] tantoché un piccolissimo numero di straricchi hanno imposto all'infinita moltitudine de' proletari un giogo poco men che servile [...]" (n. 2).

"[...] Illudono il popolo e lo trascinano per una via che conduce a dolori più grandi che i presenti [...]" (n. 14).

Pur negli ultimi anni la Chiesa è stata oggetto di critiche, da parte di una cultura che non è umanista anche se sbandiera il valore dell'individuo (in realtà dell'ego), per certe prese di posizione come, con le encicliche "Donum Vitae" di Paolo VI ed "Evangelium Vitae" di Giovanni Paolo II e molti altri interventi, la condanna dell'aborto, giudicato dalla Chiesa moralmente assassino anche se legale.

Si parla qui della – minima – morale oggettiva, valida per tutti, che s'usa convenzionalmente dire naturale o, nel giudeocristianesimo, etica dei 10 comandamenti, contrastante con la – presunta – morale individuale predicata dal soggettivismo morale libertario emanante dal pensiero debole che, oltretutto, non può garantire la civile convivenza tra gli assolutamente imperfetti esseri umani.

C'è tra i critici chi s'appella proprio alla legalità dell'aborto per manifestarne la giustizia, oltre che al fatto che nella legge si usino espressioni tecniche come zigote invece che feto umano. La Chiesa risponde che la morale e la legge non sempre coincidono ed è la prima allora a dover prevalere.

Senz'altro, altrimenti sarebbero morali anche norme come quelle sulla pena di morte, ancor in vigore in diverse nazioni *civili*; sarebbero state morali le leggi razziali antiebraiche del fascismo, ormai riconosciute da tutti come immorali, ma, secondo gli esperti di diritto pubblico, non per questo illegittime anche se la nazione italiana era diretta da un Governo dittatoriale, in quanto norme approvate dal potere legislativo d'uno Stato sovrano e legale e firmate e promulgate dal suo capo, il re Vittorio Emanuele III.

In Occidente e, in particolare, in Italia, su cose come questa la Chiesa è ormai pressoché sola. In merito è considerata reazionaria e viene, come minimo, guardata con sufficienza, oppure derisa o addirittura attaccata con violente parole. Eppure essa è convinta che in futuro, come già fu per la sua disapprovazione del totalitarismo comunista e poi di quello nazista (la seconda con l'enciclica di Papa Pio XI del 10 marzo 1937 *Mit Brennender Sorge,* cioè *Con cocente Preoccupazione,* eccezionalmente scritta non in latino ma in tedesco perché i tutti fedeli potessero comprenderla), la condanna dell'interruzione di gravidanza sarà considerata giusta, perché è stato ed è un principio della civiltà d'ogni tempo che non si possa impunemente uccidere un indifeso essere umano, pur se non ancora del tutto formato.

Una personalissima osservazione: Un discorso collegabile è quello

della *contraccezione preventiva.* Essa è avversata dai vertici della Chiesa
se non sia praticata con i metodi cosiddetti naturali i quali, oltre a non
presentare una completa, tranquilla sicurezza, sono piuttosto macchinosi
e impoetici e persino (metodo del muco vaginale e della temperatura
basale) un po' disgustosi. Il discorso è collegabile a quello dell'aborto
perché, purtroppo, è tutt'altro che infrequente che questo, in particolare
tramite la *pillola del giorno dopo* (precisamente cinque giorni dietro al
coito, se non erro) sia praticato anche non in casi gravissimi, capaci di
sconvolgere la psiche della donna, come quello d'una violenza carnale
con susseguente concepimento, ma sia usato come semplice,
normalissimo metodo anticoncezionale. Non sarebbe forse meglio una
contraccezione preventiva con pillola bloccante l'ovulazione femminile,
certamente semplice e più sicura del complicato e spoetizzante metodo
naturale? Si consideri che il divieto di contraccezione preventiva
originava anticamente, già presso gli ebrei, dall'idea, sbagliata, che fosse
solo il padre a generare, mentre la madre sarebbe stata semplicemente
come è la terra per il seme vegetale, un luogo di alimentazione e
sviluppo, senza contributo personale alla generazione. Si riteneva dunque
che ogni eiaculazione fuori sede fosse un figlio gettato via (si veda ad
esempio il caso di Onan[17]). Da gran tempo però si sa che la generazione
avviene dall'incontro fra seme maschile e ovulo femminile. Se dunque
devono contribuirvi madre e padre e, inoltre, se la generazione deve
essere *responsabile,* come la Chiesa stessa ha affermato da tempo[18]
(mettere al mondo figli che non si possano mantenere potrebbe
considerarsi addirittura un peccato) non mi è chiaro perché mezzi
bloccanti l'ovulazione non siano ammessi.

---

[17] Onan non era un masturbatore solitario, contrariamente a quanto si pensa
normalmente; egli, a scopo anticoncezionale, praticava il cosiddetto coito
interrotto, disperdeva *il suo seme per terra.* Secondo le usanze giudaiche
antiche, se non gli fossero nati figli entro il settimo anno di matrimonio, egli
avrebbe ereditato le sostanze d'un fratello defunto di cui aveva sposato la
vedova, altrimenti queste sarebbero andate al loro primogenito, considerato, per
quelle usanze, figlio del morto; si legge nella Genesi: "Giuda prese una moglie
per il suo primogenito Er, la quale si chiamava Tamar. Ma Er, primogenito di
Giuda, si rese odioso al Signore e il Signore lo fece morire. Allora Giuda disse a
Onan: «Unisciti alla moglie del fratello, compi verso di lei il dovere di cognato e
assicura così una posterità per il fratello». Ma Onan sapeva che la prole non
sarebbe stata considerata come sua; ogni volta che si univa alla moglie del
fratello, disperdeva per terra, per non dare una posterità al fratello. Ciò che egli
faceva non fu gradito al Signore, il quale fece morire anche lui" (Gen 38, 6-10).
  Tra parentesi: si tratta d'un Dio decisamente lontanissimo da quello
neotestamentario di cui stiamo trattando in questo saggio.

Oggidì, peraltro, la laicizzazione della maggior parte della popolazione occidentale, che si sente ormai estranea ai comandamenti biblici, anche quando sia stata battezzata da piccola, non conduce per nulla la maggior parte delle persone a problemi di coscienza sull'uso della pillola preventiva o del preservativo.

La secolarizzazione delle nostre società non ha trovato, al posto dei comandamenti religiosi, principi etici laici categorici. Quando, confondendo legge e morale, si affidi la tutela della seconda solo a enti umani come i parlamenti, non c'è più alcuna oggettività etica e

---

[18] Enciclica *Humanae Vitae* di Papa Paolo VI, 25 luglio 1968, pubblicata sul sito del Vaticano alla pagina http://w2.vatican.va/content/paul-vi/it/encyclicals/documents/hf_pvi_enc_25071968_humanae-vitae.html. Nel paragrafo *La paternità responsabile* leggiamo: "Perciò l'amore coniugale richiede dagli sposi che essi conoscano convenientemente la loro missione di paternità responsabile, sulla quale oggi a buon diritto tanto si insiste e che va anch'essa esattamente compresa. Essa deve considerarsi sotto diversi aspetti legittimi e tra loro collegati. In rapporto ai processi biologici, paternità responsabile significa conoscenza e rispetto delle loro funzioni: l'intelligenza scopre, nel potere di dare la vita, leggi biologiche che riguardano la persona umana. In rapporto alle tendenze dell'istinto e delle passioni, la paternità responsabile significa il necessario dominio che la ragione e la volontà devono esercitare su di esse. In rapporto alle condizioni fisiche, economiche, psicologiche e sociali, la paternità responsabile si esercita, sia con la deliberazione ponderata e generosa di far crescere una famiglia numerosa, sia con la decisione, presa per gravi motivi e nel rispetto della legge morale, di evitare temporaneamente od anche a tempo indeterminato, una nuova nascita. Paternità responsabile comporta ancora e soprattutto un più profondo rapporto all'ordine morale chiamato oggettivo, stabilito da Dio e di cui la retta coscienza è vera interprete. L'esercizio responsabile della paternità implica dunque che i coniugi riconoscano i propri doveri verso Dio, verso se stessi, verso la famiglia e verso la società, in una giusta gerarchia dei valori. Nel compito di trasmettere la vita, essi non sono quindi liberi di procedere a proprio arbitrio, come se potessero determinare in modo del tutto autonomo le vie oneste da seguire, ma, al contrario, devono conformare il loro agire all'intenzione creatrice di Dio, espressa nella stessa natura del matrimonio e dei suoi atti, e manifestata dall'insegnamento costante della Chiesa".

sui principi etici fluidi la società rischia di cadere nell'anomia più pericolosa e, addirittura, tale individualizzazione delle regole morali, come già in passato, può aprire la strada alla tirannia.

Resta il fatto, tornando all'aborto, che, se la legge lo consente nella maggior parte dei Paesi occidentali per i casi più disparati, anche per semplici ragioni psicologiche, l'etica plurimillenaria non è dalla stessa parte.

Dal lato opposto è doveroso per un cristiano rivolgere critiche al passato e rimproveri all'oggi della Chiesa, intesa nel suo vero, pieno senso di comunità dei cristiani stessi, quand'essa, diversamente che per la questione dell'aborto, non segua il Vangelo. È doveroso anche a costo d'essere criticati da altri fedeli, chierici e laici, ancor inseriti nella parentesi multisecolare ormai chiusasi col Vaticano II: l'oggi deve tener conto di questo concilio, che è ecumenico e dunque, secondo i princìpi stessi della Chiesa, non meno ispirato da Dio di quello di Trento, anche se volutamente non ha proclamato dogmi per mantenere sciolta la ricerca: purtroppo, se questa ha portato fin a oggi formidabili risultati teologici chiarendo meglio diversi punti della Rivelazione prima mal intesi, parallelamente è pur sorto nella Chiesa un certo disordine e addirittura sono esplosi in ambienti ecclesiastici non pochi episodi vergognosamente immorali[19].

---

[19] Certi cattolici post-conciliari, con grandissima fede devo dire, si domandano se lo Spirito Santo non stia consentendo tale confusione per condurre la Chiesa alla decisione d'un concilio ecumenico Vaticano III che, sempre nel rispetto pieno della Rivelazione e della Tradizione antica, la porti a essere trionfalmente adeguata ai tempi nuovi.

Io penso che prima o poi un altro concilio ecumenico ci sarà, ma dubito che

Per il credente non sarebbe onorare né Cristo né la sua Chiesa, non sarebbe cercare la verità il tacere e l'arroccarsi, invece di seguire nel tempo il percorso della Chiesa stessa, dietro allo Spirito Santo, nel corso dei concili ecumenici. Ovviamente si tratta di testimoniare la verità come la si conosce, ben sapendo che Dio soltanto è, per definizione, onnisciente e noi esseri umani, nei casi pratici che affrontiamo quotidianamente, possiamo errare: conta la buona coscienza. Mi conforta l'opinione d'un insospettabile credente, salito a Dio nel 1988, già presidente dell'Azione cattolica italiana e poi religioso laico, fratel Carlo Carretto:

"Quanto mi sei contestabile, Chiesa, eppure quanto ti amo! Quanto mi hai fatto soffrire, eppure quanto a te devo! [...] Mi hai dato tanti scandali, eppure mi hai fatto capire la santità! Nulla ho visto nel mondo di più oscurantista, più compromesso, più falso, e nulla ho toccato di più puro, di più generoso, di più bello. [...] No, non è male contestare la Chiesa quando la si ama; è male contestarla sentendosi al di fuori come dei puri"[20].

Dopo l'ultimo concilio ci sono stati importanti passi nel tornare a recepire, come nei primi secoli, l'immagine divina rivelata appieno da Cristo e non assente nel Primo Testamento, del Dio che non tanto vuol essere adorato

---

sarà detto Vaticano, la scristianizzazione è così forte e violenta in Italia, e nell'intero Occidente, che il prossimo concilio ecumenico, non inverosimilmente, si terrà in altro continente; e io penso che i vescovi che vi parteciperanno saranno prevalentemente africani, asiatici e, forse, sudamericani.

[20] Cfr. Carlo Carretto, Ho cercato e ho trovato, capitolo "Spelonca di ladri", Cittadella Assisi - Queriniana Brescia, 2003. Si veda anche Internet al sito *Pagine di spiritualità,* pagina http://digilander.libero.it/carromano/carretto.html

nel formale culto liturgico e men che mai servito con umilianti atti di sottomissione e penitenze estenuanti, ma ci chiede adorazione nell'amarlo e nell'amare i nostri simili.

Ne deve seguire, come scriveva fratel Carlo Carretto riferendosi al Vaticano II, "una Chiesa dove la carità e la solidarietà per il fratello impegna ben più del culto e delle purezze legali. Una Chiesa che sia Vangelo. Una Chiesa che sia speranza. Una Chiesa che sia amore. È finito il tempo delle complicazioni, delle pesanti bardature, delle esteriorità distraenti, degli stucchi inutili, delle processioni infantili".

Purtroppo siamo ancora alquanto lontani da tale obiettivo.

In Occidente, dal V secolo in poi, la Bibbia non era stata più studiata in originale ma nella sua traduzione in latino, la Vulgata di Girolamo cui era stato affidato quest'incarico perché, durante due soggiorni ad Antiochia tra il 374 e il 379, aveva studiato l'ebraico e approfondito il greco che, ormai tra i pochi in Occidente, di base egli già conosceva. La sua versione nella lingua di Roma s'era svolta in parte direttamente e in parte come revisione d'una traduzione già esistente. Nel tradurre non gli era stata estranea la tecnica esegetica simbolica di Origene[21] ch'egli aveva appreso a Costantinopoli.

A Costantinopoli Girolamo aveva volto in latino diverse opere in greco di Origene. In parallelo aveva commentato varie parti della Scrittura secondo la lezione

---

[21] Comunemente si legge di Origene come d'un padre della Chiesa, ma questa non l'ha incluso ufficialmente nel relativo, ristretto elenco in quanto, già anticamente, parte delle sue idee era stata giudicata eretica.

origeniana, non senza influenza sulle sue traduzioni
Scriveva Ettore Paratore nella sua Storia della letteratura
latina: "Da Costantinopoli san Girolamo nel 382 fece
ritorno in Occidente, a Roma, ove dimorò tre anni. Erano
gli anni di Papa san Damaso, gli anni del trionfo del
primato romano. [...] L'opera fondamentale ch'egli
iniziò in quegli anni fu commessa da Papa san Damaso,
di cui era divenuto segretario e sembrava fosse destinato
ad essere il successore: la revisione del testo latino della
Sacra Scrittura, quel testo che va sotto il nome di Itala
(una precedente versione, che sembra la prima completa,
va sotto il nome di Afra). Da principio egli si dedicò al
Nuovo Testamento, anzi più particolarmente ai Vangeli;
la sua revisione, ch'è rimasta quella canonica *(il
Paratore scriveva prima del Vaticano II – N.d.A.)*, va
considerata come una nuova versione. Si è ancora incerti
se nel periodo romano san Girolamo si sia limitato a dare
il testo dei Vangeli o abbia dato, sin d'allora, tutto quanto
il Nuovo Testamento: altri assegna al lungo periodo di
Betlemme l'allargamento della versione geronimiana a
tutto il Nuovo Testamento, facendone cioè un'opera
parallela alla versione del Vecchio Testamento. [...]
Cominciò a rivedere il testo dell'Antico Testamento, sulla
base della versione greca dei Settanta, confrontata con
l'originale ebraico. [...] A partire dal 391 pose mano a
una monumentale traduzione latina di tutto l'Antico
Testamento dal testo originale ebraico o aramaico. Essa,
che però non è completa, ebbe termine nel 406; spesso,
ad evitare troppo vive controversie, san Girolamo tenne
conto della versione dei Settanta. [...] La versione
geronimiana del Vecchio e del Nuovo Testamento fu

accolta da aspre polemiche e condannata persino da sant'Agostino, soprattutto perché si discostava dal testo greco dei Settanta, ormai considerato canonico. Ma a poco a poco, lungo il corso dei secoli, essa finì per imporsi, e il concilio di Trento la proclamò versione autentica ed ufficiale" (cfr. Ettore Paratore, San Girolamo – L'età del Basso Impero, in Storia della letteratura latina, cit.).

La Vulgata era stata in quel tempo provvidenziale, aveva consentito la diffusione della Bibbia in quella ch'era la lingua volgare del tempo, il latino, unendo l'Europa nel Cristianesimo. Tuttavia la versione di san Girolamo era gravata da un certo numero di errori e sviste, anche a causa del ricorso a volte troppo libero all'interpretazione simbolica d'impronta origeniana

Un esempio tratto da una lezione del teologo Alberto Maggi: la parola ebraica Shaddai, che viene da una radice che significa montanaro e campestre, designava una divinità delle montagne adorata accanto a Jahvè e ad altri dèi nei primi tempi. Quando Israele era passato a un più rigoroso monoteismo, le caratteristiche e lo stesso nome di quella divinità erano stati attribuiti da redattori biblici a Dio, che era divenuto anche Dio delle montagne. San Girolamo aveva interpretato queste montagne simbolicamente e aveva tradotto El-Shaddai con Dio Onnipotente (Omnipotens Deus), espressione che nella Bibbia non c'era, e come tale la traduzione era passata in italiano dal latino: Dio Onnipotente deriva insomma da un errore di traduzione[22].

Errori e sviste erano rimasti anche nelle lingue moderne fino al concilio Vaticano II; da quell'opera in latino infatti erano state ricavate le bibbie cattoliche nei moderni idiomi. Il concilio di Trento aveva dichiarato la

____
[22] Cfr. Alberto Maggi, Il Dio impotente, cit.

Vulgata unico testo ufficiale della Scrittura e vietato le traduzioni nelle lingue volgari per ragioni politico-religiose, avendo i protestanti ripreso lo studio del Testamento nelle lingue originali traendone direttamente traduzioni nelle lingue nazionali: importantissima era stata la traduzione dell'intera Bibbia, da parte di Lutero, in quell'idioma che, tra i diversi parlati nei paesi germanici, grazie a lui era divenuto il tedesco. Il concilio tridentino aveva decretato gravi provvedimenti contro i trasgressori; ad esempio, come ha scritto Elisabeth Reynaud, "Luis de Lèon, uno dei più grandi teologi del tempo, è buttato in prigione per aver dimostrato l'infedeltà della Bibbia in latino rispetto al testo ebraico e per aver tradotto il Cantico dei cantici in castigliano, oltre che per aver manifestato una certa propensione al misticismo. Vi marcirà per cinque anni [...]"[23]. Così la Vulgata, ch'era stata provvidenzialmente utile alla diffusione del Cristianesimo in tutt'Europa e oltre, a un certo punto s'era mutata in un freno alla migliore conoscenza della Scrittura. Grazie al concilio ecumenico Vaticano II, da diversi anni la Chiesa non solo è tornata finalmente a studiare l'Antico e il Nuovo Testamento nelle lingue originali, ma s'è addirittura posta all'avanguardia nella ricerca biblica. Secondo quei cattolici che hanno seguito tali sviluppi, anche tale sorpasso è opera dello Spirito Santo, che già resse l'ultimo concilio ecumenico. Il portato del Vaticano II è stato definito con espressioni diverse, peraltro, se prese alla lettera, non condivisibili da tutti, come "inizio del

---

[23] Cfr. Elisabeth Reynaud, *Giovanni della Croce – Riformatore, mistico e poeta di Dio*, Paoline editoriale libri, trad. dal francese di Raul Fuffini, 2002.

passaggio della Chiesa d'Occidente alla Chiesa universale", "conclusione dell'età costantiniana", "fine della Controriforma"; ma il punto essenziale è la concezione nuova della storia che ne è derivata, una positiva visione per la quale, secondo la nota parabola del grano e della zizzania – o gramigna – (Matteo 13, 24-30), il grano buono si trova sullo stesso terreno – tutta la storia – della cattiva erba, ma alla mietitura il primo (coloro che amano) sarà riposto nei granai – Dio – e la zizzania (coloro che odiano) sarà bruciata – cioè sarà esclusa da Dio ovvero, è lo stesso, finirà nel nulla: la seconda morte di cui dice il Nuovo Testamento –. Anche la storia del male, il fatto che al maligno, e in pratica agli esseri umani che hanno ceduto alla tentazione di peccare, sia consentito, proprio per la libertà concessa dal Signore agli uomini, di seminare zizzania nelle varie società che si susseguono nella storia, ha per i credenti un significato positivo, è comunque nel piano provvidenziale divino nell'idea che, nonostante le opposte intenzioni dei maligni, anche dal male, misteriosamente, deriverà infine il bene. Fede e storia sono unite e si tratta della fede praticata giorno per giorno che si lega positivamente alla storia stessa. Viceversa, a far capo dalla Rivoluzione francese e sin al Vaticano II, la storia moderna era stata giudicata dalla Chiesa del tutto negativamente. Si può ricordare al riguardo l'enciclica di Gregorio XVI Mirari vos del 15 agosto 1832, che leggeva gli avvenimenti del suo tempo come una "congiura di malvagi" che non poteva consentire alla Chiesa d'essere indulgente e benigna e le imponeva di "reprimere con il bastone" ogni errore; giudizio ch'era stato mantenuto da Pio IX e si trovava quindi nel proemio che aveva aperto la costituzione dogmatica sulla fede cattolica del penultimo concilio ecumenico, il Vaticano I da lui convocato. Da quella visione derivava l'immagine d'un Dio più di durezza che di benignità, riflessa quindi nel citato catechismo di Papa Pio X. Invece per il pontefice Giovanni XXIII, che il 25 gennaio 1959 aveva annunciato inaspettatamente l'intenzione d'indire il 21° concilio ecumenico, quel Vaticano II le cui sessioni sarebbero iniziate l'11 ottobre 1963, tal concezione era da respingere perché "da profeti di sventura", e la storia era da vedersi positivamente sempre. Nei "segni dei tempi" bisognava leggere l' "eterno significato del Vangelo".

L'espressione "segni dei tempi" era stata usata da quel Papa nella bolla di indizione del concilio Humanae salutis, 1961, nel discorso d'apertura dello stesso, 1962 e in altri casi.

Secondo le conclusioni di quell'ultimo concilio, il mondo moderno dev'essere accolto al fine della conversione, non ignorato abbandonandolo alla categoria del male. Se la modernità ha come bandiere la secolarità, la laicità, l'individualità, è compito della Chiesa, si ripeteva nel corso del Vaticano II, di evidenziare che secolarità non è secolarismo, laicità non è laicismo e individualità non è egocentrismo. Si tratta della realizzazione, con tutte le proprie qualità personali, dell'io-anima (psyché nell'originale greco del Nuovo Testamento) d'ogni cristiano nella società e, dunque, nella storia, con l'assunzione di responsabilità di ciascuno verso gli altri, come quell'impegno che storicamente fu profuso e insegnato da Cristo duemila anni or sono: il cristiano deve porsi al servizio del prossimo per seguire quel Gesù che, con segno fortissimo, e insieme scandaloso per la mentalità corrente, nel vangelo secondo Giovanni lava i piedi ai suoi discepoli.

L'ultimo concilio ha evidenziato che la Rivelazione si sviluppa nel tempo, nel senso di svelare sempre meglio la propria ricchezza tanto nella riflessione teologica quanto nella prassi evangelica; mentre nulla si aggiunge di nuovo, meglio tuttavia si conoscono gli aspetti della Parola a mano a mano che lo Spirito Santo li illumina nella storia; in altri termini, non si tratta affatto di novità, ma di migliore comprensione.

CAPITOLO 2
(CREDO QUIA ABSURDUM)

Bibliografia principale di questo capitolo: David e Pat Alexander, "Guida alla Bibbia" Edizioni Paoline, 1988; André Frossard, "Dio, le domande dell'uomo", Edizioni Piemme S.p.A., 1990 e "Dio esiste, io l'ho incontrato", traduzione italiana Società Editrice Internazionale, 1969, ristampa 2002; Umberto Galimberti, "Cristianesimo - La religione dal cielo vuoto", Universale Economica Feltrinelli, 2015; André Manaranche, "Un amore chiamato Gesù", Edizioni Paoline s.r.l., 1990; Aldo Moda, Soliloqui e Confessioni di sant'Agostino", Classici delle Religioni, Torino, 1997; Guido Pagliarino, Il Dio col grembiule, Boopen edizioni, 2007; Guido Pagliarino, "Cristianesimo e Gnosticismo: 2000 anni di sfida", Prospettiva Editrice, 2003.

Credo quia absurdum: una fede sensatamente basata su paradossi

L'affermazione, riferita al Dio cristiano incarnato con la sua Seconda Persona trinitaria in Gesù di Nazareth, morto in croce e risorto, *Credo quia absurdum*, alla lettera *Credo perché è assurdo* – o meglio *scandaloso*, come meglio vedremo –, è attribuita da molti allo scrittore ecclesiastico antico[24] Tertulliano. In realtà essa, tal quale, non è sua ma fu coniata, considerando il suo pensiero, da un personaggio anonimo detto lo Pseudo Tertulliano.

Credo quia absurdum è precisamente una libera, sintetica parafrasi d'un passo del *De carne Christi* del citato Tertulliano: "Natus est Dei Filius; non pudet, quia pudendum est: et mortuus est Dei Filius; prorsus credibile est, quia ineptum est; et sepulultum revixit, certum est, quia impossible" - "Nato figlio di Dio; non si vergogna, perché c'è da vergognarsi: e il Figlio di Dio è morto: che è del tutto credibile, perché è del tutto incredibile; e sepolto, risuscitò: è certo perché è impossibile" (Cfr. di Umberto Galimberti, "Cristianesimo – La religione dal cielo vuoto", cit.).

A prima vista appaiono paradossali sia quel passo sia

---

[24] Si legge a volte che lo scrittore, teologo e apologeta Quinto Settimio Fiorente Tertulliano è un Padre della Chiesa, ma non è vero: egli, nonostante i molti meriti verso la Chiesa stessa, come l'esser stato il primo a usare il termine Trinità e il principale apologista cattolico, non è incluso in quel novero perché, nell'ultimo lustro della propria esistenza, aderì all'eresia ultra rigorista, pseudo profetica e pseudo pentecostale di Montano, ex prete della dea Cibele. Ecco perché l'ho definito scrittore ecclesiastico antico.

l'affermazione sintetica *Credo quia absurdum* che gli è riferita, soprattutto se, come verrebbe immediato, il termine absurdum si traduca alla lettera con assurdo. Esso si può peraltro traslare, un po' diversamente, *Credo perché è scandaloso*. Si considerino, come fa Tertulliano, l'infinità di Dio e la limitatezza del cerebro umano che non è in grado di comprendere l'incommensurabile: se la mente umana comprendesse l'infinito, essa stessa sarebbe immensamente sapiente, cioè sarebbe Dio stesso. Non è però così e, dunque, la psiche limitata quanto a potenza intellettuale e a bagaglio di conoscenze dell'essere umano può trovare illogico quanto invece è assolutamente sensato secondo la perfetta mente infinita del Creatore che tutto conosce. Dunque appare scandalosa quell'affermazione, ma non è assurda bensì logica secondo la precedente riflessione.

Affermava a proposito di Dio lo scrittore moderno André Frossard[25], ponendosi dal punto di vista dell'ateo ch'egli stesso era stato prima della sua clamorosa conversione al Cristianesimo: "La Bibbia non si stanca di ripetere i suoi pensieri sono al di là dei nostri pensieri [...]. Le menti religiose più acute del nostro tempo vi diranno che è inconoscibile, che è l'Altro Assoluto. La sua natura è talmente diversa dalla nostra da costituire una sfida per il nostro intelletto, come del resto facevano già notare gli antichi Padri della Chiesa quando dicevano che, per qualificarlo, nessuna parola era degna, che di lui non si poteva dire 'bello' o 'buono' dal momento che la sua bellezza e la sua bontà sono infinitamente superiori al significato che assumono questi vocaboli nell'ambito

---

[25] In "Dio, le domande dell'uomo", cit.

mediocre dei nostri pensieri. [...] In queste condizioni, il massimo che si può dire di Dio è che esiste, almeno secondo la fede. Il resto è pura immaginazione o sono speculazioni chimeriche."

Il Frossard narrò come fosse avvenuta la sua conversione nel saggio "Dio esiste, io l'ho incontrato", cit. Egli era stato del tutto indifferente al divino, provenendo da una famiglia tutt'altro che religiosa, padre ateo, madre d'origine protestante ma non praticante, nonna ebrea anch'ella indifferente al divino. Non desiderava conoscere alcunché di religioso, ritenendo trattarsi d'argomenti obsoleti cassati dalla Storia. A vent'anni però gli era accaduto qualcosa di assolutamente inusitato: Era a Parigi con un amico che, a un certo punto, era entrato in una chiesetta di via d'Ulm per parlare col sacerdote; il Frossard l'aveva atteso sulla via; poiché l'altro tardava, era entrato a cercarlo: la chiesa era vuota, l'amico era in sacrestia; lo scrittore aveva aspettato, a caso, davanti al Santissimo, e di colpo aveva udito chiarissime le parole vita spirituale, pronunciate da un'entità invisibile, e aveva compreso misteriosamente, con assoluta certezza, che Dio esiste ed è creatore e ordinatore dell'universo. Quando era uscito in strada con l'amico, gli aveva detto con naturalezza d'essere un cattolico devoto fermamente a Dio; tempo dopo, s'era fatto battezzare.

Continuava, in quanto credente, il Frossard: "Tuttavia, come uno sconosciuto può avere un nome, l'inconoscibile può farsi conoscere: esattamente in questo consiste la Rivelazione. Quando si sostiene che Dio è inconoscibile si dice la verità, se con questo s'intende che non è possibile circoscriverlo entro i confini della nostra comprensione, che Dio in ogni punto travalica. Purtroppo il termine inconoscibile non è generalmente inteso in questo senso. Per la maggior parte di noi significa che non possiamo sapere niente di Dio, e i cuori semplici, che sono i migliori, concluderanno perciò che è perfettamente inutile interessarsi alla religione perché essa ammette per prima che non sa di cosa parla."

Tenendo presente il concetto richiamato anche dal Frossard che "Dio è inconoscibile [...] non è possibile circoscriverlo entro i confini della nostra comprensione", la stringata locuzione "Credo perché è scandaloso (assurdo)" si potrebbe riscrivere, più estesamente, così: "Poiché la mia mente umana è assai limitata rispetto all'infinità di Dio, non trovo illogico credere a quanto non posso comprendere da solo di Dio stesso ed è rivelato nei ventisette libri del Nuovo Testamento, scritti in base alla testimonianza apostolica sull'uomo Gesù ucciso per scelta di altri uomini liberi che si ritenevano suoi avversari, e tuttavia risorto da morte dimostrando così di essere non solo uomo ma Dio stesso": proprio sulla Risurrezione di Cristo-uomo-Dio si basa essenzialmente il Cristianesimo. Ovviamente, ancor prima, si tratta d'intendere perché la testimonianza apostolica sulla Risurrezione di Gesù possa ritenersi sufficientemente credibile. Parlarne diffusamente richiederebbe un intero lavoro, comprendente fra l'altro molte pagine sulle scuole di critica al Cristianesimo, opera che, d'altronde, già scrissi e pubblicai; me ne astengo e, essendo quell'opera disponibile in e-book gratuitamente, rimando alla stessa chi intendesse documentarsi più a fondo[26]

Riporto comunque di seguito alcune considerazioni, stralciate da quel libro, osservazioni che, per essere almeno sufficienti, di necessità occuperanno alcune

---

[26] Guido Pagliarino, Gesù nato nel 6 "a.C." crocifisso nel 30, un approccio storico al Cristianesimo", due edizioni cartacee, Prospettiva Editrice, entrambe fuori catalogo, e ora in e-book gratuito a cura dell'autore scaricabile dal web.

pagine:

Poniamoci due domande:

Gli apostoli avevano interesse a ingannare?

Avrebbero potuto essi stessi ingannarsi e testimoniare il falso in buona fede?

Rispondo al primo quesito: Gli apostoli all'arresto del Maestro, delusi e spaventati, non avevano esitato ad abbandonarlo avendolo creduto solo un uomo-messia politico e sperato ch'egli avrebbe conquistato il trono e li avrebbe fatti ministri. Giuda Iscariota era stato il primo a non crederlo più, tant'è vero che proprio lui aveva venduto Gesù al sinedrio, pur avendone poi rimorso e finendo suicida; di colpo l'atteggiamento degli altri apostoli diventa opposto: non più vigliacchi pronti a scappare ma eroi, essi testimoniano Cristo risorto; poco tempo dopo, già è viva dietro di loro a Gerusalemme la prima comunità cristiana che adora Gesù. Proprio per averlo pubblicamente dichiarato Dio il discepolo di seconda generazione e protomartire Stefano viene lapidato, con gran soddisfazione di Paolo, ancora Saulo *il mangiacristiani*; ma Saulo non ha raggiunto la maggiore età, 25 anni, e può solo assistere e non partecipare materialmente; se non altro si rende utile custodendo mantelli dei lapidatori. Gli apostoli non hanno alcun interesse umano a testimoniare falsamente la risurrezione di Gesù, testimonianza che li espone a una vita assolutamente grama, a fughe, imprigionamenti, torture e morte. Per tutta la vita nessuno di loro desiste, moriranno martiri e alcuni, come Pietro, ormai in età avanzata quando la salute non accompagna più del tutto una persona e quindi la volontà, senza un altissimo ideale, può cedere. Difficile dubitare che non credano fermamente al loro ideale che Gesù è davvero risorto. Questa testimonianza fin al martirio dà gran frutti, in tanti si convincono che gli apostoli e gli altri testimoni della risurrezione di Gesù non si sono ingannati e molte comunità cristiane sorgono e si diffondono per l'impero romano in comunione di fede e avendo corrispondenza fra loro per uomini e lettere: nel complesso, la Chiesa. La prima lettera neotestamentaria di Paolo, ormai da tempo convertito apostolo verso i non ebrei, la 1 Tessalonicesi, è già stesa fra gli anni 50-52 e quest'autore scriverà le altre nel corso del quindicennio successivo. È stata la scoperta di una stele a Delfi che ha consentito la datazione precisa della prima lettera. Vi è inciso di Gallione, fratello di Seneca, governatore della provincia dell'Acaia negli anni 50-52: come risulta dagli Atti degli apostoli 18, 13, Paolo incontra Gallione a Corinto; e proprio qui scrive la lettera[27].

Sì, ma, venendo alla seconda domanda, i testimoni della Risurrezione non avrebbero potuto ingannarsi? Aver solo creduto in buona fede di aver visto, parlato e mangiato col Risorto? I loro seguaci neofiti credono alla risurrezione di Cristo pur non avendo visto e si espongono a loro volta alla persecuzione e al martirio soltanto perché vedono l'eroico comportamento degli apostoli e di Stefano e altri discepoli? O anche per qualcosa di più, perché si convincono che i loro maestri

---

[27] Cfr. di David e Pat Alexander, "Guida alla Bibbia", cit: Timoteo lo raggiunse quindi di nuovo a Corinto, portando buone notizie. Di qui egli scrisse la I Tessalonicesi; cfr. pure "Introduzione a I Tessalonicesi, in La Bibbia, Editrice Àncora": "Alcune pagine occasionali per una giovane comunità, scritte a Corinto"

non si possono essere ingannati? Sì, per qualcosa di più, per un ragionamento.

Prima di procedere è bene però ricordare per inciso che tutti noi, a proposito di fatti che non esperimentiamo personalmente, cioè quasi sempre, ci basiamo sulla fiducia in chi ce li testimonia. Ad esempio, se leggiamo un saggio, esso ci convince se non abbiamo nessun dato contrario a quelli che espone l'autore e in quanto questi non risulti in malafede o disinformato: gli prestiamo fede e riteniamo d'aver imparato qualcosa di nuovo. Si tratta di una fiducia non ingenua. Senza la fiducia - o fede, è lo stesso - saremmo tutti degli analfabeti perché non avremmo creduto neppure al maestro elementare; anzi, neppure ai genitori. È bene, da questo punto di vista, che i bambini abbiano molta fede, perché anche per questo imparano in fretta; è bene purché vivano in una sostanziale democrazia e i loro maestri e genitori non siano dei criminali o degli sprovveduti. Tutti noi, ovviamente, leggendo nel tempo su altri libri o sapendo da altre persone cose maggiori o differenti, cambiamo in parte o in tutto opinione, se queste fonti ci convincono di più: come intitolava un suo saggio l'epistemologo Karl Popper, *la ricerca non ha fine*.

Non ingenuamente i primi convertiti, tutti ebrei e, perciò, avversari acerrimi, sulle prime, dell'idea di Dio incarnato in un uomo, morto e risorto, si fidano degli apostoli e dei discepoli testimoni. Gli ebrei non solo non sono un popolo di esaltati, ma hanno al contrario una mentalità assai razionale, quella stessa che induce nel medesimo tempo quelli di loro che non incontrano e non dialogano in pace con gli apostoli giudicandoli infine persone serie, a rifiutare, a loro volta coerentemente e in buona fede, il Cristo-Dio e in particolare, ma non solo, a immaginarsi come logica cosa che il corpo di Gesù sia stato trafugato dai suoi discepoli per creare una leggenda: quest'idea spinge una piccola parte degli ebrei – gli stessi capi politico-religiosi, coi loro servitori, che avevano voluto uccidere Gesù – addirittura a perseguitarli, gli apostoli. Vediamo anzitutto di obiettare all'affermazione del trafugamento della salma di di Cristo.

Il trafugamento del cadavere di Gesù e le allucinazioni dei discepoli: Si può ritenere che il ragionamento di chi ha seguito gli apostoli e gli altri discepoli di Gesù sia stato all'incirca il seguente. Chi, come gli stessi apostoli dopo l'arresto di Gesù, è deluso e ha solo paura d'essere catturato e ammazzato pensa a nascondersi e non certo a esporsi, ciò che avverrebbe sicuramente e con gran pericolo trafugando il corpo del maestro. Neppure ha in quei momenti psicologia tale da essere indotto, per di più non solo gli apostoli ma pure, indipendentemente, altri discepoli di Gesù e diverse donne sue seguaci in momenti e luoghi differenti, all'allucinazione di vedere, parlare e addirittura mangiare col Risorto. Una persona delusa e compromessa cercherebbe di nascondersi per poi fuggire a casa propria o addirittura più lontano, cercando di farsi dimenticare e nell'intenzione di non pensarci più; e sappiamo dal vangelo di Luca che gli apostoli si nascondono provvisoriamente nel cenacolo e due discepoli già sono sulla strada per casa, verso Emmaus[28], nonostante avessero sentito dalle pie donne ch'esse avevano incontrato il Risorto: la psicoanalisi o, in genere, la psicologia del profondo col suo inconscio che spiega tutto – in realtà, secondo il filosofo della scienza Karl Raimund Popper[29], spiega niente perché l'inconscio non è sperimentabile – in quel tempo non c'è ancora e, per

---

[28] Lc 24, 13-35

[29] Cfr. La società aperta e i suoi nemici, Armando Armando ed., due volumi, 1973 e 1974, II volume

inciso, neppure c'è il dibattito se psicoanalisi e figlie siano scientifiche o no; per lo scrivente, che accoglie la teoria della scienza del Popper, non hanno carattere scientifico: la psicoanalisi, come afferma questo teorico della scienza, può di principio spiegare qualsiasi comportamento umano insolito, non è sperimentalmente falsificabile, non è controllabile in alcun modo, non è per nulla scienza empirica. Non invece la psicologia del normale comportamento umano, quello relativo a persone non eccentriche, non ai cosiddetti originali, svitati, pazzi... essa è altra cosa, deriva dall'esperienza di vita quotidiana, dall'osservare come in genere si comportino le persone di fronte a certi fatti; ed è componente essenziale della mentalità pratica e razionale ebraica. Ebbene, la psicologia non può suggerire né ai giudeocristiani in quel tempo, che hanno saputo dagli apostoli della loro delusione e che la giudicano veritiera perché nessun capo si sminuirebbe così davanti ai seguaci se non dovesse, in base ai princìpi cristiani, dire la verità, né può suggerirlo a noi oggi, che sia logico trafugare il corpo di Gesù in uno stato d'animo deluso e neppure farsi illudere in quelle condizioni da allucinazioni, semmai possibili in chi, nonostante la Crocifissione, avesse al contrario, senza soluzione di continuità, fanaticamente onorato la memoria del Maestro invece di deludersi e spaventarsi. Chi poi formulasse l'ipotesi di mala fede degli evangelisti, che con machiavellismo avrebbero scritto falsamente della paura e della delusione degli apostoli dal momento dell'arresto di Cristo fino alla domenica successiva alla sua morte – il giorno della Risurrezione –, avrebbe il dovere scientifico di dimostrarlo con, eventuali, documenti antichi, perché supporre la mala fede degli autori d'un libro solamente perché non se ne condividono le idee non è serio. Neppure, la psicologia può far ritenere, e tanto meno può dimostrare, che gli undici apostoli – poi saranno di nuovo dodici, perché il discepolo Mattia sarà nominato apostolo in sostituzione del suicida Giuda Iscariota[30] – nonché i settantadue discepoli (numero da non prendere alla lettera, così come pure il numero settanta, nella numerologia ebraica biblica indica semplicemente molte persone) e le diverse donne che hanno accompagnato Gesù e Paolo, i quali vedono il Risorto indipendentemente e in momenti diversi, siano tutti, con parola moderna, schizofrenici.

Se inoltre si sta a quanto afferma Paolo nella sua prima lettera ai Corinzi, sono addirittura più di cinquecento le persone, ancor vive mentr'egli scrive, che hanno incontrato il Risorto: "In seguito apparve a più di cinquecento fratelli in una sola volta: la maggior parte di essi vive ancora, mentre alcuni sono morti"[31].

Può essere interessante notare che, com'è chiaro nel Nuovo Testamento, risuscitando Gesù supera la sua

---

[30] L'elezione si trova nel libro neotestamentario Atti degli Apostoli (1, 21-26). Gli undici dicono fra loro: "«Bisogna dunque che tra coloro che ci furono compagni per tutto il tempo in cui il Signore Gesù ha vissuto in mezzo a noi, incominciando dal battesimo di Giovanni fino al giorno in cui è stato di tra noi assunto in cielo, uno divenga, insieme a noi, testimone della sua risurrezione». Ne furono proposti due, Giuseppe detto Barsabba, che era soprannominato Giusto, e Mattia. Allora essi pregarono dicendo: «Tu, Signore, che conosci il cuore di tutti, mostraci quale di questi due hai designato a prendere il posto in questo ministero e apostolato che Giuda ha abbandonato per andarsene al posto da lui scelto». Gettarono quindi le sorti su di loro e la sorte cadde su Mattia, che fu associato agli undici apostoli".

[31] 1 Cor 15, 6

situazione umana storica. Il suo corpo risorto è sublime, trasfigurato, tanto che all'inizio non viene riconosciuto, esso è cioè "glorioso e spirituale" come scrive Paolo nella sua lettera 1 Corinzi. Se le apparizioni a molte persone in momenti diversi portano a respingere, fin a prova contraria, che si sia trattato di allucinazioni, tuttavia solo un'affinità può aver consentito loro di riconoscere Gesù. Questo porta a pensare che negli apostoli sia stata presente, come in tutti i credenti, anche la virtù teologale della fede, non solo quelle della speranza e della carità.

L'equivoco: La psicologia nemmeno conduce a pensare che coloro che ascoltano gli apostoli, che divengono loro allievi e che riferiranno ad altri, capiscano sbagliando, come si sente invece affermare da critici moderni, che Gesù è risorto davvero mentre gli apostoli, in buona fede, starebbero solo dicendo loro, simbolicamente, che la dottrina del loro maestro è sempre viva: inverosimile un tale equivoco, a diretto contatto coi testimoni; e si ricordi che alla morte di Gesù gli apostoli non credono più: perché mai dovrebbero sùbito dopo predicare fra rischi d'ogni genere il suo insegnamento, in assenza di una creduta reale Risurrezione che li abbia riportati all'entusiasmo? I libri neotestamentari sono scritti da discepoli di apostoli nell'àmbito delle chiese da questi dirette, ad esempio il vangelo di Marco, discepolo-segretario di Pietro, o le due lettere di Pietro, la seconda non di sua mano ma entrambe scritte nella chiesa di Roma secondo quanto udito da lui stesso. C'è chi afferma, in particolare, che gli autori del Nuovo Testamento, scritto in greco, potrebbero avere frainteso quanto udito dagli apostoli in aramaico. Si può negarlo. Il greco, nella sua forma semplificata koinè – lingua comune –, la stessa del Nuovo Testamento, è la parlata internazionale, ben nota nell'impero e usata comunemente in Palestina; essa è tra l'altro la lingua degli affari, al mercato di Cafarnao il pesce pescato nel lago dagli apostoli pescatori Pietro, Andrea, Giovanni, Giacomo, come pure tutte le altre merci, è contrattato in lingua greca comune; l'apostolo Matteo ex gabelliere conosce sicuramente tale koinè, in quanto deve incassare imposte da gente di varia etnia che usa *l'inglese* del tempo, appunto la koinè; inoltre alcuni, come Paolo e altri, ad esempio stando al suo nome greco l'apostolo Filippo, nati e cresciuti in ambienti ebraici ellenizzati, hanno greco e aramaico entrambi come lingue madri, anzi, addirittura conoscono meglio il greco; non pochi poi sono gli ebrei che parlano solo più il greco, si pensi alla traduzione biblica detta dei settanta svolta dall'ebraico al greco proprio per quei giudei ellenizzati che avevano dimenticato la lingua dei padri e parlavano solo il greco.

Ulteriori obiezioni:

Lo scambio di tomba: Gli apostoli non avrebbero potuto sbagliar tomba, si obbietta anche, cioè aver creduto di Gesù un altro sepolcro vuoto, e avere in buona fede immaginato il loro maestro risorto? Le allucinazioni in questo caso non entrerebbero in gioco, solo la fantasia. Anche quella voce gira in quel tempo e tornerà d'attualità negli ultimi due secoli e mezzo, dopo l'Illuminismo. Fatto è nondimeno, stando ai testi che possediamo, che alla Crocifissione assistono almeno cinque donne, tre

Marie (Maria la madre di Gesù, Maria la Maddalena e Maria di Cleofa) e le altre[32] – oltre a un apostolo, Giovanni –. Le donne esclusa Maria la madre di Gesù partecipano anche alla sepoltura e sanno dunque riconoscere il sepolcro, che indicheranno a Giovanni e Pietro, i primi apostoli che il terzo giorno dalla Crocifissione accorreranno alla tomba, scoperta vuota poco prima, all'alba, dalle stesse donne.

Di Maria la madre non si dice espressamente in nessun vangelo che partecipi anche alla sepoltura e che il terzo giorno vada alla tomba insieme alle altre donne e si può supporre che non sia così. È verosimile che sia stato tale lo shock subìto innanzi all'atroce morte del proprio figlio, da averla resa senza forza. Pur tenendo ben presente che non c'è documentazione, si può pensare a Maria ricoverata nella casa dove Cristo ha tenuto l'ultima cena e assistita dall'apostolo Giovanni, cui Gesù stesso, come dice il Vangelo, l'ha affidata dalla croce. Come risulta dal libro neotestamentario Atti degli apostoli, tempo dopo ella è nel cenacolo cogli apostoli stessi e i discepoli di Gesù e le altre pie donne[33].

Le pie donne non possono aver sbagliato sepolcro, averne trovato uno qualunque vuoto e averlo pensato quello di Gesù: è un fatto troppo elementare; e queste stesse donne hanno testimoniato inoltre d'avere visto e parlato col Risorto subito dopo aver scoperto che la tomba era vuota. La scuola razionalista aveva ipotizzato isteria femminile con allucinazioni, ma direi di lasciare tale congettura non provata e calunniosa a quegli scientisti antifemministi. Che si tratti dello stesso sepolcro è inoltre testimoniato dal discepolo Giuseppe d'Arimatea, proprietario della tomba secondo il Vangelo.

---

[32] Cfr. Matteo 27, 55-56; Marco 15, 40-41; Luca 23, 49; Giovanni 19, 25.
[33] At 1, 14

Sappiamo in più da Giovanni evangelista che nel sepolcro gli apostoli Pietro e Giovanni trovano lini sepolcrali. Sono quelli di Gesù, infatti non può trattarsi di un'altra tomba in quanto, se si vuole far posto a un nuovo defunto, non si tolgono le ossa del precedente cadavere lasciando i lini, perché è più comodo portare via il tutto, e inoltre perché un sepolcro in tali condizioni non sarebbe riutilizzabile, sarebbe, per gli ebrei, impuro: quando essi traslano, purificano la tomba svuotandola completamente ed eseguendo riti; mai, per le norme religiose di purità del Levitico[34] lascerebbero nel sepolcro gli impuri teli del loro caro defunto e traslato. Nel quarto vangelo[35] è detto che l'apostolo Giovanni "entrò nel sepolcro e vide i tessuti di lino – nell'originale greco othònia – [...] per terra e il sudario che era stato posto sul capo di Gesù, non per terra coi tessuti di lino ma piegato in luogo a parte". Già il Padre della Chiesa san Giovanni Crisostomo annotava in una sua omelia sul vangelo di Giovanni: "Chiunque avesse portato via il corpo non l'avrebbe dapprima spogliato né si sarebbe preso il disturbo di rimuovere e di arrotolare il sudario e di lasciarlo in un luogo a parte". Neppure sul punto della tomba, dunque, si può ritenere che gli apostoli si siano sbagliati.

Il sosia: C'è chi afferma che gli apostoli avrebbero visto un gemello o comunque un sosia di Gesù scambiandolo per il Cristo risorto. Caso particolare, si suppone che si sarebbe trattato dell'apostolo Tommaso, detto anche Didimo (entrambi i nomi significano gemello) che sarebbe stato il fratello gemello di Gesù; ma

---

[34] Lv capitoli da 11 a 15
[35] Gv 20, 6 – 7

si dimentica che, sempre in base ai documenti a disposizione, i Vangeli, alle apparizioni agli apostoli di Cristo era stato presente e testimone pure Tommaso l'incredulo che addirittura, prima di ammettere che non si trattava d'un fantasma, o d'una allucinazione, aveva chiesto di mettere le dita nelle ferite di Gesù. Sarà stato anche gemello di qualcuno, ma non di Cristo. Si noti inoltre che pure per lo pseudo vangelo gnostico secondo Tommaso, libro che peraltro lo presenta come il massimo dei discepoli, egli non è affatto Gesù. L'ipotesi di un sosia è inverosimile, a parte che non esiste alcun documento storico al riguardo: gli apostoli avevano conosciuto Cristo molto bene; e quando parlano con colui che poi dichiareranno nella loro predicazione essere il Risorto, che si presenta loro molte volte, come possono equivocare? "Solo tu hai parole di vita eterna", gli aveva già detto Pietro a suo tempo. Inoltre, in base al Nuovo Testamento si tratta d'un ineffabile corpo glorioso spirituale – non d'un fantasma però – affine al medesimo corpo materiale di Gesù prima della sua risurrezione, secondo gli Evangeli capace addirittura di partecipare a un pranzo, tuttavia non confondibile col corpo fisico d'un sosia.

Morte apparente di Gesù: Corre pure un'altra voce in quel tempo, che Gesù non sia morto. È idea tornata di moda oggigiorno, nell'àmbito delle indagini scientifiche sulla Sindone di Torino e diffusa inoltre dalla setta degli Ahmaditi, circa quattro milioni nel mondo, seguaci di un certo Ahmad, inizio XIX secolo, che si proclamava il solo Dio incarnato e, perciò, rifiutava la risurrezione di Cristo. Nel 1959 lo studioso Kurt Berna, riferendosi alla

Sindone di Torino ma senza aver avuto possibilità di vedere il lenzuolo sindonico, affermò la morte apparente di Gesù. Siccome la prima commissione che poté eseguire esami sulla Sindone fu costituita solo nel 1969, quella del Berna fu mera congettura[36]. Tuttavia, essa fu raccolta come prova della morte apparente di Gesù in un libro di Andreas Faber-Kaiser. Proprio gli Ahmaditi hanno forse ispirato questo libro del Faber-Kaiser pubblicato nel 1976 in molte lingue, italiano compreso. Vi si afferma, senza nessuna prova e con un mero riferimento a un presunto sepolcro di Gesù nel Kashmir, sul quale però il suo nome non figura, che egli, rinvenuto, sarebbe apparso agli apostoli; questi avrebbero creduto a un fenomeno soprannaturale mentre lui, deluso per il fallimento della sua missione, avrebbe sposato Maria di Magdala e con lei si sarebbe trasferito nel Kashmir, dove già avrebbe avuto da giovane la sua formazione teosofica, e qui avrebbe continuato a predicare morendo infine di vecchiaia. Nel sepolcro indicato dal Faber-Kaiser si troverebbero tre tombe, nessuna delle quali col nome di Gesù. Uno dei tre nomi incisi sarebbe quello nuovo ch'egli avrebbe assunto nel Kashmir. Ebbene, non si tratta d'una prova: si potrebbe inventare la stessa cosa per qualunque altro sepolcro sufficientemente antico, in Asia, Africa o Europa, su cui figurasse un qualsivoglia altro nome sconosciuto. Si tratta di narrativa, non di storia. In base agli scritti antichi disponibili è da ritenere che Cristo muoia sulla croce. Il centurione ritiene non necessario, contrariamente alla prassi, fargli spezzare le

----

[36] Cfr. Emanuela Marinelli, "La Sindone, un'immagine impossibile", supplemento a Famiglia Cristiana n. 12 dell'1/4/1998, Editrice San Paolo.

gambe per affrettarne la dipartita, in quanto verifica che è ormai morto; e che sia morto si accerta pure Pilato prima di autorizzare Giuseppe d'Arimatea alla sepoltura. Inoltre la pesante pietra circolare che chiude il sepolcro può essere solo rotolata sull'apertura, lungo una guida sul terreno, dall'esterno e da più persone, non può essere naturalmente ribaltata né fatta rotolare dall'interno, sarebbe fisicamente impossibile anche per molti uomini forti e sani. Gesù è stato picchiato, flagellato, coronato di spine, inchiodato alla croce e ha ricevuto un colpo di lancia al costato: come immaginarsi un uomo in tali condizioni che, comunque contro ogni possibilità, apre tranquillamente il sepolcro dall'interno e se ne va in giro come se niente fosse a farsi vedere risorto?

A questo punto lascio ovviamente a ciascuno di scegliere se ritenere sufficientemente credibile o no la testimonianza apostolica sulla Risurrezione di Gesù.

Torniamo alla paradossalità di certi concetti della dottrina cristiana.

Abbiamo visto che, poiché non è comprensibile alla nostra ragione e appare del tutto insensata l'idea d'un Dio incarnato, ucciso e risorto, essa può essere logicamente creduta – non dico dimostrata sperimentalmente – perché se la capissimo si tratterebbe sicuramente d'un parto della nostra ristretta mente. Il Dio cristiano però esprime la sua paradossalità anche in altri due modi:

a) Nella sua unicità e trinità. Vien da chiedersi come possa il numero 1 essere il 3. Come possono conciliarsi tre vere e proprie Persone divine con un Dio unico, vale a dire non tre meri aspetti di Dio come nella Trimūrti induista?

Per inciso: Secondo l'Induismo, la Trimūrti è il triplice aspetto del Dio supremo, in veste di Creatore, in quella di Distruttore e in funzione di Ricostruttore, rispettivamente Brahmā, Śiva, Viṣhṇu. Come Viṣhṇu esercita un potere salvifico nel mondo per mezzo di un eroe - avatār o avatāra -, un intermediario umano di stirpe reale del quale prende possesso ogni qual volta ci sia una decadenza morale e di giustizia per raddrizzare le cose. I più noti eroi impossessati da Viṣhṇu sono Rama principe di Ayodhy, settima comparsa di Vishnu in terra, e Krishna principe, della famiglia reale di Mathura, ottavo impossessamento. Secondo il testo Bhagavad Gita, IV, 8, Krishna aveva affermato con chiarezza, durante una battaglia, qual fosse stato l'incarico che s'era assunto: "Per la difesa dei giusti, per la soppressione dei malvagi e per ristabilire i princìpi della giustizia divina, Io mi incarno di era in era."

Per il cristianesimo invece l'incarnazione del Figlio, come uomo personale e non per impossessamento d'un altro essere umano, Figlio che è la seconda Persona divina ed è eternamente uomo in essenza oltre che Dio, è avvenuta un'unica volta e con lo scopo preciso della salvezza eterna di chi voglia sopravvivere in Dio stesso dopo la propria morte, non col fine di ripristinare la giustizia sulla terra, il cui compito è lasciato interamente da lui a noi, liberi esseri umani; recita il Nuovo Testamento nella lettera agli Ebrei[37] "Cristo infatti [risorgendo da morte] non è entrato in un santuario fatto da mani d'uomo, figura di quello vero, ma nel cielo stesso, per comparire ora al cospetto di Dio in nostro favore, e non per offrire se stesso[38] più volte, come il sommo sacerdote che entra nel santuario ogni anno con sangue altrui. In questo caso, infatti, avrebbe dovuto soffrire più volte dalla fondazione del mondo. Ora invece una volta sola, alla pienezza dei tempi, è apparso per annullare il peccato mediante il sacrificio di se stesso. E come è stabilito per gli uomini che muoiano una sola volta, dopo di che viene il giudizio, così Cristo, dopo scopo di togliere i peccati di molti, apparirà una seconda volta, senza alcuna relazione col peccato, a coloro che l'aspettano per la loro salvezza." Si noti che il Figlio s'incarna in Gesù nella povertà, gli avatāra sono al contrario principi reali, come pure lo sarà Siddhartha Gautama il Buddha, da certi induisti considerato l'ultimo degli avatāra; quella povertà gesuanica è legata al punto b).

---

[37] Eb 9, 24-28

[38] Nelle citazioni mantengo *se stesso* senza l'accento. Io scrivo *sé stesso*.

b) Inoltre il Dio cristiano esprime la sua paradossalità nell'umiltà totale. Tal umiltà divina è un qualcosa di estraneo a tutte le religioni, a parte la cristiana; nelle altre il Dio adorato è tutt'al più il misericordioso, ma se ne sta nel suo simbolico cielo e non è il servo dell'uomo, a differenza del Creatore e Dio incarnato che Gesù Cristo rivelò personalmente anzitutto con l'esempio e con parole, secondo quanto leggiamo nei ventisette libri del Nuovo Testamento. Solo la fede cristiana contempla un Dio, innocente come un bambino piccolo, che serve l'uomo invece di chiedergli d'esserne servito.

Vediamo meglio nel prossimo paragrafo il punto a) vale a dire l'argomento dell'apparente controsenso di un Dio unico e in tre Persone divine. Il punto b) relativo al Dio che serve l'uomo, di cui s'era già detto, ritornerà in chiusura del nostro discorso.

Sulla scandalosa Trinità di Dio

Come avevo scritto in un precedente saggio ("Il Dio col grembiule", cit.), "per gli apostoli, tutti giudei, accogliere la risurrezione di Cristo e la discesa dello Spirito Santo sulla Chiesa volle dire cambiare radicalmente mentalità, accettare e quindi predicare, ma senz'abbandonare Jahvè, una Trinità unitaria, come l'ha chiamata André Manaranche (Un amore chiamato Gesù, cit.), accogliere l'idea inusitata di tre Persone divine in un solo Dio. Anche se Dio s'era già rivelato al popolo ebraico, secondo diversi passi della Bibbia, come divinità amorosa[39], gli apostoli poterono trovare la ragione di questo Dio-Amore solo nel concetto di Trinità, Padre, Figlio e Spirito Santo." A base di tal concetto c'è l'umanità sempiterna di Dio in uno con la sua divinità; si potrebbe dire così: nella sua stessa essenza divina eterna Dio è anche essere umano e questa sua umanità è la Seconda Persona che, per analogia con la famiglia umana, è detta il Figlio, teologicamente il Verbo, così come, sempre analogicamente, la Prima Persona e detta il Padre. L'Amore infinito fra Padre e Figlio e Figlio e Padre è indicato con l'espressione Spirito Santo. Il Figlio essendo l'umanità di Dio è a propria volta divino come il Padre, oltre che umano; lo Spirito Santo, essendo amore infinito, come tutto quanto è infinito è a sua volta divino, non potendo concepirsi un limite all'infinito e infinito essendo un attributo essenziale del solo Dio. Il Figlio dunque ha oltre allo spirito divino anche anima e corpo umani. Questi suoi anima e corpo però nel suo Trascendente spirituale sono, appunto, "gloriosi spirituali" come leggiamo nel Nuovo Testamento, lettera 1 Corinzi di Paolo; secondo la stessa 1Corinzi è una forma in cui saranno assunti a Dio anche i beati salvati dal Figlio-Cristo, dopo la morte e la trasformazione del loro corpo umano materiale psichico in glorioso spirituale, simile a quello della seconda Persona trinitaria. Ho parlato diffusamente di queste cose in un altro mio saggio, "La Trasformazione"[40] cui rimando. Ne riporto richiami, colti dal paragrafo *Il corpo umano e la sua*

---

[39] Cfr. di Guido Pagliarino Il Vento dell'Amore, un approccio storico alla progressiva Rivelazione di Dio-Amore nel Primo Testamento, saggio, cit.

[40] La Trasformazione", Tektime Editore, © Guido Pagliarino

trasformazione secondo san Paolo:

Vediamo meglio cosa vuol significare san Paolo, nelle sue Lettere neotestamentarie, laddove, nella loro versione italiana, leggiamo corpo, anima, spirito. L'apostolo delle genti usa i termini greci sarx e soma per indicare il corpo. Col primo vocabolo, traducibile anche come carne umana, intende l'intera persona quando non è in grazia di Dio e, essendo peccatrice mortale, è rivolta alla morte invece che alla Vita in Dio, a meno ch'ella si converta. Con soma san Paolo dice dell'essere umano quando la sua fede, la pistis, nel battesimo ha incontrato la Charis, la Grazia, e dunque l'uomo, ripieno del Pneuma divino, ha la strada aperta per l'assunzione alla Vita: in senso stretto, solo Gesù risorge, perché egli è divino oltre che umano, i salvati sono assunti a Dio grazie a Cristo. Tanto che la persona sia in grazia quanto che non lo sia, san Paolo considera psichico il corpo umano, in quanto è un corpo che ragiona e ha libertà di scelta: ognuno è una persona completa in corpo e anima-psiche; leggendo corpo dobbiamo comprendere in esso anche la relativa psiche, cioè dobbiamo intendere che si tratta della persona completa: parlare di risurrezione del corpo è come parlare di risurrezione della persona. Quando nelle versioni in italiano delle lettere paoline troviamo anima o spirito, dobbiamo far attenzione al contesto. Sappiamo che le traduzioni cattoliche della Scrittura nelle lingue volgari traevano, prima di questi ultimi decenni, non dagli originali ma dalla loro versione in latino, la Vulgata Edizio (l'Edizione per il Popolo) di san Girolamo (347-420). Vi era tradotto col termine latino anima il greco psyché e la parola era poi passata in italiano tal quale, anima, e così resta ancor oggi, col rischio che il lettore equivochi con animo, o spirito, mentre forse sarebbe stato più preciso italianizzare usando le parole psiche o mente.

Nell'originale certe volte, anche a proposito dell'essere umano, Paolo usa pneyma, ma per indicare la situazione dell'essere umano sulla terra in Grazia, non additando cioè una sua anima personale spirituale, ma significando che lo Spirito, che è come dire l'Amore assoluto e l'assistenza spirituale del Paraclito (Avvocato, Protettore) cioè del medesimo Spirito Santo, agiscono in lui. Altre volte san Paolo usa la parola psyché ed egli non si riferisce a un'essenza eterea ma alla concreta individuale ragione-psiche che l'essere umano possiede e che è concepita dal corpo, che Dio ha creato capace, a differenza del corpo animale, di ragionare sofisticatamene ad alto livello e di sentirsi individuo elevato sulle altre specie e ulteriormente elevabile credendo in Dio e nella propria assunzione a lui nell'eterno. C'è un che di diverso tra corpo glorioso e corpo su questa terra; Paolo scrive nella 1 Corinzi: 'Ma qualcuno dirà: "Come risuscitano i morti? Con quale corpo verranno? Stolto! Ciò che tu semini non prende vita se prima non muore; e quello che tu semini non è il corpo che nascerà, ma un semplice chicco [...]. Così anche la risurrezione dei morti: si semina corruttibile e risorge incorruttibile; si semina ignobile e risorge glorioso, si semina debole e risorge pieno di forza; si semina un corpo animale, risorge un corpo spirituale'[41]. Tra vita terrestre e vita in Dio degli assunti c'è

---

[41] 1 Cor 15, 35-44

somiglianza, si tratta sempre di individui, non ci si confonde cioè nell'Essere perdendo la propria individualità come, invece, per certe filosofie religiose orientali. Risuscita, con l'individuale psiche-anima, trasformato in spirituale il soma del giusto: il corpo risorto dell'essere umano giustificato da Cristo e perciò assunto a Dio è un *corpo glorioso pneumatico*, ineffabile, spirituale, eternamente vivo per e nel Pneuma divino; in altri termini, un corpo glorioso pneumatico è una *persona* ineffabile, spirituale, eternamente viva per e nel Pneuma divino. Non risorge una greca anima-essenza secondo il platonismo, anche se questa è l'idea vincente nella Chiesa tra la fine del II secolo e il XX; e ancor oggi, nonostante molte discussioni teologiche e saggi pubblicati al riguardo, posteriori al concilio ecumenico Vaticano II (1962-1965), forse nel timore di scandalizzare fedeli, nel Catechismo della Chiesa cattolica troviamo l'affermazione che anzitutto è l'anima spirituale del beato che va a Dio e ch'ella si congiunge al corpo alla fine dei tempi. Precisamente dobbiamo pensare più al neoplatonismo che a Platone e al platonismo di mezzo. Come rileva il teologo Aldo Moda[42], in particolare fu Plotino – peraltro, si può annotare, filosofo assai critico verso il Cristianesimo – a rendere l'anima il substrato delle verità eterne, ad averne rifiutato la corporeità e ad averne affermato l'inseità, ad averne illustrato l'immortalità in quanto natura unica, semplice, interamente inclusa nel fatto di essere vivente. Il fondamentale Padre della Chiesa sant'Agostino, come

---

[42] Introduzione, pag. 39, a "Soliloqui e Confessioni di sant'Agostino", Classici delle Religioni, Torino, 1997.

già s'era accennato, oltre che da un'ormai consolidata tradizione ecclesiastica trasse, in primo luogo, dalla lettura delle Enneadi di quel filosofo neoplatonico la visione dell'anima in sé stessa spirituale e immortale.

Si è detto che il Padre ama il Figlio e il Figlio restituisce al Padre quest'Amore-Spirito Santo, a sua volta Persona, entrambi *infinitamente* (Spirito Santo) così da traboccare sugli uomini comportandone anzitutto la creazione, la libertà loro concessa e il progetto della loro divinizzazione: questa è implicita nella lettera 1 Corinzi e si trova nella prima lettera di Giovanni. Afferma Paolo che mentre quaggiù vediamo Dio confusamente, come in uno di quegli specchi antichi levigati su metallo che al tempo dell'apostolo non restituivano un'immagine chiara, dopo l'assunzione a Dio, lo dice di sé ma riferendosi a tutti i membri della Chiesa, "allora conoscerò perfettamente come anch'io sono conosciuto"[43] e sarà la piena conoscenza dell'Amore divino. La prima lettera di Giovanni[44] fa sapere di preciso ai credenti che i beati sono divinizzati in quanto divengono simili a Dio per grazia sua: "Quale grande amore ci ha dato il Padre per essere chiamati figli di Dio, e lo siamo realmente! La ragione per cui il mondo non ci conosce è perché non ha conosciuto lui. Carissimi, noi fin d'ora siamo figli di Dio, ma ciò che saremo non è stato ancora rivelato. Sappiamo però che quando egli si sarà manifestato, noi saremo simili a lui, perché lo vedremo così come egli è".

Dunque il Dio neotestamentario è Amore proprio

---

[43] 1 Cor 13, 12

[44] 1 Gv 3, 1-2

perché non è soltanto uno ma è anche più Persone. Non può infatti esserci amore se non si è almeno in due, un tu e un io: lo scambio dell'amore tra soggetti in comunione d'anima è nell'essenza dell'amore stesso. Se Dio fosse solamente uno sarebbe addirittura un narcisista, amerebbe solo sé e non avrebbe creato, dato che la Creazione è prodotto dell'Amore infinito che esternandosi straripa; anzi, egli non sarebbe nemmeno Dio perché, non amando, non sarebbe affatto perfetto: in altre parole, Dio non ci sarebbe. È questo che si oppone con forza a quelle religioni monoteiste nelle quali Dio è solo e soltanto uno e non trino.

Sia chiaro che la Trinità non ha a che fare col politeismo, è viceversa la completezza dell'unico e infinito, dunque al momento non del tutto comprensibile, Dio, del quale i cristiani credenti nella Rivelazione sanno solo quanto Dio stesso ha detto, che in lui sono presenti assieme tanto unità quanto diversificazione: l'unità della sua natura divina, della sua volontà e del suo scopo (il suo fine è divinizzare l'uomo) e la diversificazione nelle distinte caratteristiche delle sue tre Persone. Per questo sono equivalenti le espressioni Spirito di Cristo e Spirito Santo (in Atti degli Apostoli) e Spirito del Padre, che potrebbero essere semplicemente sostituite dalla parola Dio.

A differenza di quanto nel II secolo affermano gli gnostici cristiani, che addirittura identificano nel Dio dell'Antico Testamento un demiurgo cattivo, ben diverso dal Dio neotestamentario di Cristo, la Chiesa fin dal suo inizio non ripudia Jahvè e non pensa che Gesù abbia portato tutt'altro credo, ma sa bene ch'egli viene dalla fede d'Israele, in cui ha inserito la sua novità su cui reinterpretare il Vecchio Testamento. Con rispetto per il differente sentire dei credenti ebrei per i quali la Rivelazione termina col primo Testamento, per i cristiani Giudaismo e Cristianesimo non sono due religioni ma due momenti successivi della medesima Rivelazione che si completa solo col Nuovo Testamento. La radice del credente in Cristo è ebraica, sulla quale pianta egli è stato innestato come un oleastro secondo le parole della Lettera ai Romani di san Paolo[45]. La Trinità non è rivelata ancora nel Vecchio Testamento ma vi è allusa: l'Antica Scrittura ne lascia filtrare qualcosa, soprattutto nei libri più recenti in cui Dio è presentato mentre usa le forze della sua sapienza e della sua parola, quella Parola-Ragione che il vangelo di Giovanni rivela essere la seconda Persona dello stesso, unico Dio e non una semplice emanazione divina: "In principio era il Verbo, / il Verbo era presso Dio / e il Verbo era Dio. / Egli era in principio presso Dio: / tutto è stato fatto per mezzo di lui, e senza di lui niente è stato fatto di tutto ciò che esiste. / In lui era la vita / e la vita era la luce degli uomini; / la luce splende nelle tenebre / ma le tenebre non l'hanno accolta"[46].

---

[45] Rm 11, 16-24

[46] Gv 1-5

CAPITOLO 3
(IL POTERE-DIAVOLO E L'INIZIAZIONE ALL'UMILTÀ)

Bibliografia principale di questo capitolo: Hans Urs von Balthazar, Teologia dei tre giorni, Ed. Queriniana, 1990; Paul Josef Cordes, Omaggio a Hans Urs von Balthazar, testo della conferenza tenuta a Rimini il 27 agosto 1989, in Non estinguere lo Spirito – Carismi e nuova evangelizzazione, Edizioni Paoline s.r.l., 1992; Adriana Destro e Mauro Pesce, La lavanda dei piedi come rito di inversione – Una lettura antropologica di Gv 13, 1-20, in Credere oggi, cit.; Domenico Marafioti, La grazia, rapporto tra Dio e l'uomo nell'amore, in La civiltà cattolica, quaderno 3387-3388 – 3/17 agosto 1991; Gérard Rossé, La crono-teologia lucana, in, di AA.VV., Leggere la storia come salvezza, numero monografico di Parola, Spirito e Vita - quaderni di lettura biblica cit.; fonte Internet: Alberto Maggi, testo della conferenza "Il Dio impotente", in Senigallia presso la Scuola di Pace Vincenzo Buccelletti. nei giorni 15, 16, 17 /01/2003, cit.; si veda nel sito Studi Biblici http://www.studibiblici.it, il file formato pdf: http://www.studibiblici.it/Conferenze/IL_DIO_IMPOTENTE.pdf

Ancora sul Dio che serve l'uomo. Non tutti i credi si equivalgono

Una premessa: A meno che risulti diversamente dal contesto, scrivendo *uomo* intendo l'essere umano dei due sessi. Nella lingua italiana, a differenza della più pignola tedesca, non ci sono due termini, l'uno a indicare l'appartenente alla specie umana e l'altro il maschio della stessa specie, ma una parola sola; forse sarebbe meglio vedere addirittura due parole diverse, anche se entrambe scritte *uomo*.

Per inciso: Può essere curioso al riguardo richiamare un antico sinodo francese di terz'ordine, cioè provinciale, tenuto da vescovi dell'attuale Francia a Mâçon nel VI secolo: i vescovi avevano parlato fra l'altro, ai margini dell'assemblea, di come intendere il termine homo nella vulgata latina della Bibbia di San Gerolamo, se come sinonimo soltanto di vir, maschio, oppure di persona cioè maschio, vir, e femmina, mulier, e se si predicasse bene, cioè ci si rivolgesse a ogni essere umano, dicendo solo homo, oppure se si escludessero involontariamente le donne, onde sarebbe stato necessario dire ogni volta non solo uomo ma pure donna. Si concluse presto, sulla base della Genesi in cui risulta che Dio creò l'uomo, maschio e femmina *li* creò, che homo indicava, appunto sia il vir sia la mulier. È pure intrigante sapere che notizia scritta di tale colloquio era stata rinvenuta all'epoca della rivoluzione francese e, travisandola, era stato riferito sulle gazzette che la Chiesa aveva nei primi secoli tenuto un concilio ecumenico, cioè di primo livello addirittura, in cui si sarebbe discusso se le donne avessero l'anima: nel pubblicare la bufala s'ignorava del tutto, evidentemente, che le donne erano battezzate fin dall'inizio del Cristianesimo per la salvezza della loro anima e che alcune di loro, in testa la Madonna – si pensi al "tutte le generazioni mi chiameranno beata" nel vangelo di Luca scritto negli anni 60-80 – erano venerate come sante già nella prima Chiesa, e i santi devono pur avere l'anima per vivere nel Trascendente. Si trattò d'un caso storico di mala fede anticlericale, raccolto ancor oggi come vero dal pubblico, insieme a molte altre panzane anticristiane. Semmai fortemente antifemministi erano gli gnostici cristiani, oggi tanto di moda perché considerati da certe persone intelligenti, anche di sesso femminile, superiori ai semplici cristiani. Per quegli pneumatici, le donne non avevano il pneuma o animo (pneyma), anzi neppure la psiche o anima (psyché) erano tutte materiali, solo corpi cioè, dunque non potevano salire alla vita eterna, destinata al solo animo. Negli antifemministici vangeli gnostici di Tommaso e, successivo, di Maria (la Maddalena, non la Madonna), questa discepola, con buona pace del Pietro gnostico che si scandalizza che una donna possa salvarsi, è stata resa degna di vita eterna dal parimenti gnostico Cristo, ma solo perché questi ne ha trasformato in maschile la psicologia e ha dotato Maria di pneuma[47].

L'avevamo visto, ma ribadirlo non mi sembra sbagliato: il Dio cristiano è peculiare, non se ne sta bello tranquillo nel suo metaforico cielo mentre noi qui sotto soffriamo. Egli viene a patire con l'uomo. Non assomiglia a nessun'altra divinità, è l'unico Dio, anche tra i monoteismi, che partecipa volutamente alla vita degli esseri umani sulla terra come uomo vero e proprio, non in apparente umanità come certi dèi dell'Olimpo che di regola hanno meri scopi sessuali e, comunque, agiscono a loro unico vantaggio; è l'unico Dio che si mette il grembiule e lava i piedi degli esseri umani, cioè li serve; egli accetta addirittura di soffrire in comunione con l'umanità pur di rispettare la libertà da lui stesso concessa a ogni persona di scegliere tra bene e male, cioè tra amore e odio, così subendo le scelte maligne di altri uomini, i capi d'Israele che, temendo erroneamente che scoppi una rivolta contro Roma a causa sua, lo

---

[47] Parlo dello Gnosticismo antico nel mio recente saggio "La Sfida", Tektime Editore, 2018, © Guido Pagliarino. Già avevo trattato l'argomento, con riferimento anche agli aspetti moderni e contemporaneo dello Gnosticismo, in un precedente mio libro, da tempo fuori catalogo, "Cristianesimo e Gnosticismo: 2000 anni di sfida", cit.

considerano politicamente pericoloso, lo vogliono eliminare e scelgono di condurlo al governatore romano Pilato perché sia torturato e ammazzato su di una croce, e subendo la libera decisione di Pilato che, per ragioni politiche, sceglie vilmente di condannarlo, pur ritenendolo persona innocua.

Eppure girano equivoci sul Dio giudeo-cristiano a causa di un'errata informazione su di lui. L'ente divino cui pensano molte persone, anche fra i battezzati, non è il Dio del Nuovo Testamento già preannunciato nel Primo, ma una figura più astratta, con prerogative quali l'eternità, l'onnipotenza e l'onniscienza che, come la Divinità degli altri monoteismi, non trinitaria cioè non pure umana oltre che divina, non ha partecipato sulla terra alle sofferenze degli esseri umani. Non sono pochissimi, poi, coloro che addirittura hanno in mente un vago Essere divino che se ne sta indifferente nel proprio cielo, a parte punire con saette più o meno metaforiche chi l'offenda, come già il pagano Giove tonante.

Peraltro, sicuramente il Dio del Cristianesimo non è, o almeno non è soltanto, la divinità dei filosofi, non semplicemente il Bene assoluto di Platone o la Migliore delle sostanze d'Aristotele o l'Uno ineffabile e superiore all'essere di Plotino, pur se loro filosofie sono state convocate e, per certi aspetti, incluse nelle teologie di figure della statura d'Agostino e di Tommaso d'Aquino.

Dunque non è affatto vero che, come si sente dire, tutti i credi religiosi, in fondo, si equivalgono: il Dio cristiano è del tutto peculiare, egli È Uomo nel suo stesso immutabile Essere, non ce n'è un altro eguale in nessuna religione. Come s'era accennato, al più nel paganesimo certi dèi assumono solo apparente forma umana, restando però essenzialmente divini, e al solo scopo d'esercitare il loro egoismo; e oltretutto il Cristianesimo, almeno quello dei primi secoli, fino a divenir religione lecita sotto Costantino e poi addirittura l'unica ammessa sotto i suoi successori, più che religione è *fede esistenziale*, basata sulla risurrezione di Cristo e avente per regola di vita il suo concreto esempio umano: nelle religioni, pagane e no, è l'uomo che deve servire Dio, nella fede cristiana è Dio che serve l'uomo, che gli lava i piedi, qualcosa d'inusitato, di quasi incredibile, nient'affatto afferrabile d'istinto e che fa scandalo presso gli areopagiti d'ogni tempo. Necessita evangelizzare diversi tra gli stessi battezzati, occorre la diffusione cioè della bellissima notizia che Dio è l'Amore, non il padrone sommo contemplato dalle religioni, ed è essere umano come noi, ciò che non è generalmente noto perché, purtroppo, assai sovente la storia del Cristianesimo e il suo genuino pensiero non si studiano; sì, la maggiore parte dei credenti praticanti, per non parlare degli altri, non approfondisce la storia e la teologia della propria fede e molti non sanno in cosa precisamente credano il che, detta sorridendo, dimostra che la fede viene direttamente da Dio; e la stessa ignoranza permea le considerazioni di molti critici del Cristianesimo. C'è chi pensa, ad esempio, che il Cristianesimo stesso si fondi sui dieci comandamenti, non sapendo ch'esso è basato, come dice il Nuovo Testamento, sul fatto della risurrezione di Cristo, un fatto storico secondo la Chiesa e che non per nulla i libri anticristiani tentano di falsificare presentando un Gesù solo uomo, non risorto e, dunque, non Dio. Ci si è messo anche internet a creare confusione al riguardo, una rete in cui l'analfabetismo cristiano è largamente diffuso, accompagnato da sicumera, per cui panzane pseudo cristiane non solo sono credute, anche da fedeli, ma persino riescono a convertire diversi credenti al non-Cristianesimo. Diversamente, la figura del vero Dio neotestamentario, quando sia stata illustrata da persone in buona fede e a sufficienza preparate, stupisce gli stessi cristiani che prima, mal informati, la vedevano essenzialmente come quella dell'Onnipotente da ossequiare e servire. Egli è il Dio che meraviglia e di solito, per la sua umanità genuina e per la sua Trinità, la quale proprio sull'umanità divina si basa, scandalizza profondamente i seguaci degli altri credi; ad esempio in Turchia i cristiani son chiamati con irrisione "i tre dèi"; nei Paesi islamici fondamentalisti, chi manifesta pubblicamente il proprio Cristianesimo o ne espone i segni, anzitutto il Crocifisso, viene punito. D'altro canto in Occidente, sentendo parlare del Figlio di Dio incarnato, restano superbamente sdegnati e assumono atteggiamenti di sufficienza quei sapienti laicissimi dell'ambiente scientifico e filosofico che si ritengono troppo superiori per contemplare, anche solo, l'idea d'una divinità la quale, per amore, si cinge d'un grembiule-asciugatoio e come un servo, per dare un segno fortissimo di vita altruistica, lava i piedi ai suoi. Sì, perché il Dio cristiano è certo onnipotente e onnisciente e via seguitando ma, soprattutto è l'Idea stessa di amore, anzi egli è nient'altri che l'Amore che contiene tutte le altre assolute qualità divine, ed egli è l'Amore perché è trino, perché è sociale. Egli è l'amore infinito che mette la propria vitale onnipotenza al servizio della salvezza eterna degli esseri umani figli del Padre e fratelli del Figlio uomo e Cristo eterno. Da ciò deriva il sottomettersi di Dio alla cosiddetta kenosi, cioè allo svuotamento delle prerogative divine per partecipare alla storia dell'uomo tra gli altri esseri umani, insegnando loro come si deve vivere – amando, appunto – e quindi spirando come tutti gli altri uomini, ma in uno dei modi peggiori escogitati dagli umani per ammazzare i propri simili, la flagellazione seguita dalla croce, una tortura a morte ben illustrata qualche anno fa da Mel Gibson nel suo film "The Passion". Infine, l'amore divino s'esprime nell'attrarre nella propria risurrezione di uomo ogni altro essere umano che desideri venir assunto a Dio al momento della propria morte: per amore e solo per amore perché, lo ripeto senza stancarmi con il Giovanni neotestamentario, Dio È amore. Proprio questo è il suo nome, e Dio ce lo rivela in due tappe: prima a Mosè, secondo il libro dell'Esodo: *Io sono colui che È* (nella versione in greco detta la settanta, mentre nell'originale ebraico si trova il parallelo "*Io Sono chi Sono*"), e in una successiva fase, Nuovo Testamento, svelando ch'egli è Colui che È amore, senza peraltro che il Creatore avesse trascurato, prima, in vari luoghi dell'Antico Testamento e soprattutto nei Profeti, di rivelarsi nei fatti quale il divino innamorato degli esseri umani; e Dio è amore perché Dio È uomo: sì, egli non si fa uomo, come comunemente si dice vedendola da questo nostro divenire, ma lo È nella sua stessa perfezione divina non assoggettata al tempo e al mutamento e che contempla pure la Creazione e l'Incarnazione, entrambe nondimeno liberissime e nient'affatto dettate da necessità: si tratta di scelte di Dio, ma bisogna aggiungere ch'esse sono le sue opzioni ottime, anzi perfette, scelte eccellenti anche in funzione di sé, che è Essere sia divino sia umano: un Dio, dunque, che, come già s'era detto, sceglie d'incarnarsi fra gli altri uomini nel suo creato avendo così anche l'esperienza del corpo materiale, di carne e sangue – il corpo umano trascendente è invece glorioso spirituale, come sappiamo da Paolo, Nuovo Testamento, lettera 1 Corinzi – e che sceglie d'accogliere le persone, socialmente, nella propria eternità

L'umanità del Cristo eterno, come la nostra che è a sua immagine, è caratterizzata dalla psyché (anima) umana; non richiede necessariamente una struttura fisica animale-antropomorfa, anche se sulla terra, in seguito all'evoluzione voluta da Dio (si può leggere in merito il mio svelto saggio Creazione ed Evoluzione[48]) la forma antropomorfa è caratteristica degli essere umani, compreso Gesù. Come dice Paolo nella prima lettera ai Corinzi, il corpo, comprendente l'anima, del Cristo eterno (vedendola da questo mondo assoggettato al tempo, del Cristo risorto) è caratterizzato dal suo essere egli glorioso spirituale e non materiale animale come durante la sua vita sulla terra. Anche un ipotetico extraterrestre, pur se di forma corporea-animale diversa dalla nostra, sarebbe uomo e figlio di Dio se avesse psiche umana come quella del Cristo eterno.

L'essere umano, e dunque lo stesso Dio-uomo, e questi al massimo livello, è sociale; ciò però nella libertà per noi d'accettare o no la salvezza eterna, libertà senza la quale, l'ho scritto tante volte in più opere, non c'è amore.

---

[48] Guido Pagliarino, Creazione ed Evoluzione, saggio, seconda edizione, a cura dell'autore, in E-book e Libro fisico. La prima Edizione, solo cartacea, Editrice GDS è fuori catalogo e i relativi diritti sono tornati all'autore.

Accogliere dunque il Cristianesimo, per il quale Dio è essenzialmente Amore e come vero uomo è l'Adamo perfetto, significa seguire l'esempio personale di carità di Gesù uomo, considerando ch'egli non è solo vero uomo ma pure Dio, in quanto risorto, e che dunque il suo insegnamento è d'origine divina. È vero che per il Nuovo Testamento la salvezza non viene dalle opere ma solo da Cristo, però è pure scritto che senza le opere dell'amore non si è suoi seguaci, ed è per questo ch'esse sono necessarie.

Hans Urs von Balthazar e la nuova evangelizzazione

Volendo dunque una persona porsi al servizio del prossimo come può, intanto, respingere la tentazione contraria del potere-diavolo d'elevarsi egli stesso sugli altri e comandarli o, comunque, usarli? Vediamo cosa ne diceva il grande teologo Hans Urs von Balthazar, uno dei maggiori nella Chiesa dello scorso secolo: proprio perché lo considerava uno dei massimi teologi Papa Giovanni Paolo II lo aveva elevato a cardinale, dopo avergli già assegnato il Premio Paolo VI per la teologia. Alle radici dell'opera del von Balthazar, decisivo è il concetto di "nuova evangelizzazione" legato all'idea fondamentale che l'essere umano è irresistibilmente rivolto a Dio. Paul Josef Cordes considera questo teologo "prima di tutto pastore d'anime". Secondo il von Balthazar si può provare a sé stessi d'essere veramente cristiani solo quando si è in contatto col prossimo: "Solo l'amore è credibile"; tuttavia egli si domanda, anzitutto, come riuscire ad amare ognuno e, addirittura, un nemico. Certo, si risponde, non con le proprie sole forze: se è in Gesù Cristo che Dio presenta all'uomo la possibilità di conoscersi e di realizzarsi appieno incontrando Dio stesso nell'essere umano con cui viene in contatto, anche nel più sgradevole e avverso, solo la grazia dell'Amore-Spirito Santo può integrare la limitata capacità d'amare dell'uomo e condurlo a Dio nell'esercizio dell'amore, perfino, per il nemico. Per Hans Urs von Balthazar ci vuole però, anzitutto, l'iniziativa umana: l'amore del cristiano viene vivificato e moltiplicato dallo Spirito Santo grazie alla "preghiera di contemplazione", come questo teologo la definisce in un libro dallo stesso titolo: la contemplazione del cristiano è qualcosa di assai concreto, rivolto all'esempio di vita di Gesù e alle sue raccomandazioni alla Chiesa che si trovano nel Vangelo che la medesima tramanda. Dunque, pregare-contemplare consiste prima di tutto nello studio della Parola. Il cristiano deve inoltre contemplare sé stesso, verificare a mano a mano il suo essere conforme il più possibile, nell'amore, al Figlio-uomo, al Dio della kenosi, dello svuotamento dalle sue prerogative divine nell'incarnazione in Gesù e nel servizio all'uomo: "Tutta la nostra testimonianza sulla realtà di Dio ai nostri simili deriva dalla contemplazione di Gesù Cristo, della Chiesa, di noi stessi. Ma la contemplazione di Gesù Cristo e della Chiesa non può costituire una testimonianza durevole ed efficace se non abbiamo parte in essa. Soltanto chi ama può parlare dell'amore; non si può parlare nemmeno dei più piccoli problemi del mondo spirituale senza averne avuto una diretta esperienza e così neppure un cristiano può fare dell'apostolato se non annunciando, come ha fatto Pietro secondo la seconda lettera a lui intestata[49], "ciò che ha visto e udito"[50].

Così com'è vero che il cristiano adora Dio anzitutto nel servire il prossimo, egli sente che vi riesce meglio perché prega lo Spirito e ne ottiene grazia. Questa preghiera non è estasi ma è in primo luogo studio del Vangelo, anche se è spontaneo per chi crede manifestare amore a Dio anche nell'orazione e pure, nell'apprestarsi a un compito, chiedere espressamente allo Spirito d'essere sostenuto. Pur se a un non credente potrà sembrare un'affermazione assurda e, al più, penserà all'autosuggestione, il cristiano che nell'aiutare il prossimo prega per essere aiutato da Dio conosce la gran differenza tra l'agire da solo e l'operare assieme allo Spirito. È qualcosa ch'egli sente sicuramente oggettiva, sia per quanto riguarda le difficoltà minori che incontra, sia per i migliori risultati che ottiene. Anche molte persone non credenti fanno il bene e, pur se non lo sanno, anch'esse sono ispirate da Dio, cioè i non credenti sono anch'essi suscitati e sostenuti dallo Spirito Santo a loro insaputa, secondo il concilio Vaticano II che s'è fortemente espresso su queste cose. Il concilio ha affermato fra l'altro che la speranza nella Vita eterna non diminuisce ma aumenta gl'impegni nella società e che anche ai non credenti spetta di "contribuire alla retta edificazione di questo mondo": ciò avviene non solo nell'azione politico-sociale ma pure nella diretta carità

---

[49] 2 Pt 1, 16-19

[50] Cfr. Paul Josef Cordes "Omaggio a Hans Urs von Balthazar", traduzione di Luciano B. Tosti, cit.

verso il prossimo, e pensiamo subito ai volontari atei o agnostici. In particolare nella proclamazione conciliare Gaudium et spes s'è affermato: "La Chiesa *(teniamo presente che con Chiesa s'intendono i credenti e non la sola gerarchia – N.d.A.)* crede che il riconoscimento di Dio non si oppone in alcun modo alla dignità dell'uomo, dato che questa dignità trova proprio in Dio il suo fondamento e la sua perfezione: l'uomo riceve da Dio creatore le doti di intelligenza e di libertà ed è costituito libero nella società, ma soprattutto egli è chiamato a comunicare con Dio stesso in qualità di figlio e partecipare alla sua stessa felicità. Inoltre essa insegna che la speranza escatologica non diminuisce l'importanza degli impegni terreni, ma anzi dà nuovi motivi a sostegno della attuazione ad essi. [...] La Chiesa poi, pur respingendo in maniera assoluta l'ateismo, tuttavia riconosce sinceramente che tutti gli uomini, credenti e non credenti, debbano contribuire alla retta edificazione di questo mondo, entro il quale si trovano a vivere insieme [...]. Gli atei poi, essa li invita cortesemente a volere prendere in considerazione il Vangelo di Cristo con animo aperto. La Chiesa sa perfettamente che il suo messaggio è in armonia con le aspirazioni più segrete del cuore umano, quando difende la causa della dignità della vocazione umana, e così ridona la speranza a quanti disperano ormai di un destino più alto"[51]. [...] Con la sua risurrezione costituito Signore, egli, il Cristo cui è stato dato ogni potere in cielo e in terra, tuttora opera nel cuore degli uomini *(si noti che non è scritto "dei soli credenti"*

---

[51] Concilio Vaticano II, costituzione pastorale Gaudium et spes, 7, parte I, capitolo I, numero 21

– *N.d.A.)* con la virtù del suo Spirito, non solo suscitando il desiderio del mondo futuro, ma per ciò stesso anche ispirando, purificando e fortificando quei generosi propositi con i quali la famiglia degli uomini cerca di rendere più umana la propria vita e di sottomettere a questo fine tutta la terra"[52].

Tuttavia i credenti, convinti d'essere sostenuti dallo Spirito e pregando per rafforzare quel sostegno, ricevono aiuto a meglio operare. Gesù ha promesso: "Chiedete e vi sarà dato"; cioè chiedete allo Spirito Santo la capacità concreta d'amare; il resto, ha detto ancora, vi sarà dato "in sovrappiù": se non altro, nella pace interiore che viene dall'agire alla sequela di Cristo, un anticipo di quella che sarà l'eterna Pace dell'io fuori dagli scontri del mondo nella pienezza del Bene. Dico di più: io credo nell'assunzione a Dio al termine della vita terrena, ma se pure tutto fosse solo in questo mondo, meriterebbe lo stesso di agire come Gesù ha insegnato, non fosse che per quella gioia che, in conseguenza, colma l'essere umano; e se pure qualche sofista dicesse che anche in questo, di fondo, c'è mero egoismo, come già affermava il fondatore del Positivismo Auguste Comte riferendosi alla conquista (?) del Paradiso da parte del, per lui vile, cristiano caritatevole, potrebbe semplicemente parlarsi addosso senza ricevere udienza, perché essere nella gioia è nella natura dell'uomo: Dio ci ha fatti proprio per essere personalmente felici e perché ci diamo gioia gli uni gli altri eliminando la sofferenza del prossimo, in una sorta di libera collaborazione spirituale con Dio alla

---

[52] Concilio Vaticano II, costituzione pastorale Gaudium et spes, 7, parte I, capitolo III, numero 38

Creazione e alla Provvidenza; e mi piace aggiungere sorridendo: "…e scusate se è poco".

La Grazia mal intesa

Accade che in ambienti agnostici e atei la grazia concessa da Dio di saper servire bene i propri simili sia mal intesa, sia vista quale sottomissione alla Divinità e perdita dell'amor proprio. Come premetteva Domenico Marafioti a un suo articolo di alcuni anni fa[53], "uno dei luoghi più importanti della riflessione teologica è stato per secoli il problema della grazia e del rapporto tra Dio e l'uomo nel processo della salvezza. […] La grazia infatti definisce la relazione tra Dio e l'uomo". Rilevava il Marafioti che la cultura occidentale è in notevole parte avversaria della teologia della grazia che parla dell'insufficienza d'un fragile essere umano a realizzarsi e volgersi alla salvezza: abbisognare dell'aiuto divino è ritenuto da non pochi intellettuali un attentato alla dignità dell'uomo che resterebbe, così, un eterno minorenne. Fatto è che, se Dio è mal inteso anche da molti cristiani, come avevamo visto, non può non esserlo dai non credenti che, normalmente, allo studio della religione dedicano poco tempo, se non nessuno, non ritenendolo sufficientemente degno dell'intelligenza. Come scriveva sempre il Marafioti, in una visione d'opposizione tra Dio e uomo succede alternativamente o che l'uomo non è più degno perché è uno schiavo oppure che Dio non esiste o è comunque talmente distante e indifferente alle umane

---

[53] Domenico Marafioti, La grazia, rapporto tra Dio e l'uomo nell'amore, cit.

vicende che per l'essere umano è come se non ci fosse; e nel caso che Dio ci fosse e s'interessasse all'uomo, per quegl'intellettuali la grazia divina "finirebbe per lasciare l'uomo perennemente schiavo di un Dio-padrone (dialettica hegeliana), il quale sarebbe abitato dall'antica invidia degli dèi omerici: geloso dell'indipendenza dell'uomo, Dio lo terrebbe schiavo della sua grazia". Eppure, egli commenta, "questo sarebbe indegno dell'uomo e indegno di Dio, perché se Dio avesse bisogno di uno schiavo per essere Dio, egli stesso dipenderebbe dallo schiavo e non sarebbe più Dio": un argomento che mi sembra definitivo. L'unica relazione fra le persone e, nel caso, fra Dio e ogni essere umano non ha da essere per forza tra padrone e servo; c'è pure il rapporto d'amore fra eguali, come nei casi dell'affetto coniugale e parentale e fra amici; ed è in quest'ottica che, grazie all'Incarnazione divina, si deve interpretare il rapporto Dio-uomo, uomo-Dio e, in conseguenza, uomo-uomo. Dice Gesù ai suoi nel vangelo secondo Giovanni: "Non vi chiamo più servi, perché il servo non sa quanto fa il suo padrone; ma vi ho chiamato amici, perché tutto ciò che ho udito dal Padre l'ho fatto conoscere a voi"[54]. Non più servi, come viceversa i fedeli si sentivano prima di Cristo, anche dopo il caso innovativo (Osea), ma non definitivo, del patto matrimoniale, ancora veterotestamentario, tra Dio e il suo popolo, in cui la sposa-Israele era sì amata ma pur sempre soggetta; bensì persone che si vogliono bene alla pari. Nella parabola dei talenti, vangelo di Matteo[55], la situazione è analoga a

---

[54] Gv 15, 15

[55] Mt 25, 14-30

quella di Giovanni 15, 15, pur essendo diverso l'autore umano e, dunque, lo stile: in antico tutti i funzionari d'un sovrano erano chiamati servi del re, persino i ministri, e non solo non se ne sentivano sminuiti, ma consideravano l'espressione un segno di nobiltà; e il servo della parabola non è in una condizione subordinata al suo signore, bensì è posto da lui nella situazione d'agire con autonomia, può realizzarsi applicando le proprie qualità facendo fruttare il denaro ricevuto in amministrazione nel modo che ritiene migliore; e viene infine ammesso, grazie al successo della propria scelta, a condividere la gioia del suo Signore vivendo con lui come un suo eguale e ricevendo in proprietà il capitale che amministrava e l'utile. La grazia, come intuì sant'Agostino, è aiuto e l'aiuto è nell'amore. Dio, scriveva Domenico Marafioti, con la sua grazia "dà all'uomo una nuova capacità di amare il bene e compierlo, per cui la grazia è amore [...]: un aiuto che viene da Dio, perché egli non sa come trovarlo in se stesso, ma che s'inserisce nell'intimo più profondo del suo essere e della sua persona, nel suo cuore"; ma, continuava il Marafioti, "tutto questo, pur se esterno, non è estraneo all'uomo, anzi gli è naturale, in quanto gli è perfettamente rispondente e lo ricostituisce nella sua più vera natura. Amare infatti è naturale all'uomo, non amare è contro natura. [...] L'uomo proprio per questo bene è fatto, questo bene cerca, vuole e desidera. Ed è libero per realizzare se stesso nell'ordine del bene. In una parola, la grazia che persuade e la seduzione d'amore sono la risposta alla sua libertà per, che si realizza nell'ordine dell'essere, del bene e dell'amore. La libertà, perciò, non è svuotata ma attuata".

Direi che la parte spirituale dell'essere umano, quella parte, concretamente, del suo io più alta che è in grado di pensare al bello e al buono e quindi a Dio, aspira all'amore ma ha bisogno dell'amorosa grazia divina per superare appieno, indirizzandosi sistematicamente alla carità per il prossimo, la parte dell'uomo animale-egocentrica che, pur essendo positiva perché strumento della sua libertà morale, può indurlo al peccato, cioè all'odio.

Il Marafioti concludeva che "chi realizza nell'amore, e ama come deve amare, si realizza nella giustizia. Amare infatti è giusto, non volere amare è ingiusto. Così siamo giustificati dalla giustizia di Dio, perché il suo amore ci rende capaci di amare e ci consente di situarci nella giustizia dell'amore, amando Dio e il prossimo come è giusto".

Teniamolo presente nell'andare, tra un attimo, alla lavanda dei piedi che Cristo praticò ai suoi discepoli quasi duemila anni fa, verso l'anno 30, e al conseguente ammaestramento esistenziale, d'amore e di giustizia, che lasciò.

Un processo d'iniziazione

I capitoli dal 13 al 17 del vangelo di Giovanni, comunemente detti *discorsi d'addio* perché trattano dell'ultima cena di Gesù coi discepoli e del suo provvisorio congedo prima della Risurrezione, ci presentano un processo d'iniziazione degli stessi discepoli e un discorso di modellamento del gruppo che si chiude con una preghiera[56].

L'ultima cena di Gesù e dei suoi si svolge nel triclinio, locale dei banchetti dell'antichità, nella casa d'un benestante che ospita il gruppo. Nel triclinio sono a disposizione gli oggetti necessari a un convito, compresi quelli per i lavacri. Anticamente quest'operazione ricca di simboli era usuale ed essenziale per l'ospitalità. È mansione servile, svolta dagli schiavi e dalle donne, cioè dalle persone di minore dignità sociale e importanza nella casa. È legata all'ingresso dell'ospite nella dimora e non al pasto e si svolge nell'atrio e non nel triclinio, mentre Gesù nel vangelo giovanneo la esegue, imprevedibilmente, in questo locale e durante la cena, al posto della nettatura delle mani unte dal cibo che viene svolta nel corso d'ogni simposio, sempre dai servi di casa: è cosa ben più gravosa ed è dunque simbolo assai più forte nettare i piedi, sporchissimi, anche di sterco, a causa del gran sudiciume nelle vie di quei tempi e luoghi, vie che si percorrevano a piedi nudi o al massimo con sandali. Il lavaggio dei piedi agli apostoli non è da ritenersi quindi un rito d'accoglienza. Il momento, secondo Adriana Destro e Mauro Pesce, è scelto da Gesù con attenzione, al di fuori degli usi, per renderlo tipico. Il banchetto tra un maestro e i suoi discepoli è un atto distintivo della comunità, durante il quale vengono esposti insegnamenti e compiuti atti d'iniziazione. Se ne trovano diversi esempi in più culture, dalla greca alla giudaica; ad esempio in Israele, al tempo di Gesù, ciò avviene nel seno della comunità essena di Qumran: senza

---

[56] Cfr. Adriana Destro e Mauro Pesce, La lavanda dei piedi come rito di inversione – Una lettura antropologica di Gv 13, 1-20, cit.

con questo voler dire ch'egli fosse, per questo, legato a quell'ambiente, perché si tratta d'un fenomeno generale e nient'affatto caratteristico di quella setta[57]. C'è sempre un forte senso di simpatia fra i convitati e in primo luogo tra maestro e allievi, e nel quarto vangelo esso viene sottolineato: "Prima della festa di Pasqua Gesù, sapendo che era giunta la sua ora di passare da questo mondo al Padre, dopo aver amato i suoi ch'erano nel mondo, li amò sino alla fine"[58]. Ecco dunque che a simposio inoltrato, dopo che s'è già realizzata come d'abitudine nel convito la comunanza d'affetti tra i sodali del gruppo, Cristo lava i piedi ai suoi avviando un rito iniziatico col fine d'introdurli e coinvolgerli in un nuovo genere di comunione, definito dall'agire stesso di lui il Maestro. Sapremo poi[59] che Gesù porta la tunica, *chiton*, e che i soldati romani la tireranno a sorte nel corso della sua crocifissione, e dunque in tunica egli rimane dopo essersi tolto il mantello, *imation*, sulla quale cinge con la sua cintura, portata normalmente sul manto, un panno di lino, *lention*, che ha la funzione di grembiule e insieme di asciugatoio: è un oggetto che gli schiavi dei ricchi usano a beneficio dei convitati per asciugare loro le mani più volte nel corso del pasto, dopo avergliele nettate con acqua fatta zampillare da una brocca e raccolta in un catino, dato che l'invenzione della forchetta è ancora nel futuro e si mangia con le mani che, presto, si ungono insopportabilmente. Pure brocche e catini sono dunque presenti nel cenacolo.

---

[57] Cfr. il mio saggio "Cristianesimo e Gnosticismo, 2000 anni di sfida", cit.

[58] Gv 13, 1

[59] Gv 19, 23

Affermano Destro e Pesce, op. cit., che Giovanni ha presente il banchetto di tipo greco, un uso entrato in Palestina dalla conquista macedone. Essi fanno presente che un completo parallelo si trova nel Romanzo di Esopo, un testo non lontano nel tempo dal quarto vangelo, in cui tra l'altro è scritto che la moglie di Xanto si cinse i fianchi con un panno di lino (*lention*) e gettandosene un altro sulle spalle portò il catino all'ospite Esopo. *Lention* è termine usato nella Bibbia solo nel vangelo giovanneo, non mai nel resto del Nuovo Testamento e nella traduzione in greco dell'Antico.

La presenza di catini e brocche contribuisce a rendere la scena realistica e storicamente credibile e quegli autori ritengono che la lavanda dei piedi non sia un mero simbolo giovanneo, come pensa invece parte dei commentatori evangelici. Scrivevo che lo schiavo, o la donna quando il padrone di casa non ne disponga, svolge la funzione umilissima che il medesimo non può eseguire senza che venga meno la sua dignità. Nel lavaggio dei piedi attuato dall'uomo Gesù, che per il Cristianesimo è anche Dio, abbiamo un'inversione di ruoli, egli che è il sommo s'abbassa a servo e si prodiga per i suoi. Un capovolgimento di posizioni sociali che dovrebbero invece assolutamente rispettarsi in quella cultura: allo status di capo deve corrispondere il comandare e l'essere servito, non il servire. I discepoli-servi acquistano così pari dignità col Signore-Maestro, e infatti Cristo in quest'occasione afferma di considerarli da allora in poi amici, non servitori. Immaginiamoci come questi insegnamenti, che Gesù aveva già predicato pubblicamente per oltre due anni, tra l'altro ponendo moralmente esattori delle imposte e prostitute convertiti al di sopra dei sacerdoti e degli scribi, potessero apparire a questi capi d'Israele. Certo Gesù rimane il Maestro e resta Dio, e questo s'evidenzia quand'egli si risiede a mensa quale capotavola e inizia a insegnare dopo essersi rivestito del suo mantello, qui un preciso simbolo d'autorità; ma come avevo anticipato nel I capitolo, egli non si toglie il grembiule-asciugatoio, resta cioè, pur in tutta la sua maestà divina, al servizio degli uomini, figli di Dio-Padre e amici di lui, il Figlio-uomo-Dio. Essi devono imitarlo, è un ordine espresso ch'egli dà loro: "Anche voi dovete lavarvi i piedi gli uni gli altri. Vi ho dato un esempio, infatti, perché come ho fatto io facciate anche voi"[60]. Si tratta d'un preciso dovere per un cristiano, non d'una facoltà: si è cristiani solo se si obbedisce a quest'ordine divino. Non è più questione di rendere un sottomesso culto formale a Dio, ma d'amore concreto per il prossimo: se no, non si obbedisce a Dio né lo si adora. Ma quale prossimo? Tutto il prossimo, compreso il nemico, come precisa un altro dei Vangeli, quello di Luca sia direttamente, sia indirettamente nella parabola del buon samaritano che soccorre il ferito ebreo[61]: era immediato per gli ascoltatori di Gesù intendere che i due erano nemici per stirpe e per tradizioni.

Ha scritto in merito Gérard Rossé, anche a proposito dell'aiuto ai poveri, che per Luca è uno dei temi di primaria importanza[62]: "L'attenzione rivolta alla

---

[60] Gv 13, 14 s.

[61] Lc 10, 29-37

[62] Cfr. di Gérard Rossé "La crono-teologia lucana – Il tempo presente e il

dimensione sociale del credente che vive in mezzo al mondo conferma, a modo suo, l'importanza del presente nella storia dell'ottica lucana. Troviamo [...] la promozione di un comportamento cristiano che va chiaramente controcorrente (vedi l'esigenza di amare il nemico, di dare senza interesse ecc.). [...] Luca ha uno sguardo speciale per i ricchi nella comunità cristiana, e denuncia i pericoli della ricchezza: essa diventa cattiva quando l'uomo si attacca ad essa e la accumula per sé [...]. Da qui l'invito ad aiutare i poveri della comunità, realizzando così già ora la società ideale. Infine occorre brevemente prendere in considerazione la catechesi lucana sull'amore al nemico (Lc 6, 27-35). La radicalità dell'esigenza di Gesù dice già di per sé il suo carattere escatologico. Attuare il comportamento escatologico di Dio a favore degli uomini, rivelato in quello di Gesù, è segno della vicinanza del Regno di Dio. Ora nella catechesi di Luca, si osserva l'evidente sforzo di attuare nell'esistenza concreta e sociale del credente l'esigenza radicale di Gesù. [...] Significativi sono i versetti di Lc 6, 33-35, propri all'evangelista: 'Se prestate a quelli da cui sperate ricevere, quale favore per voi? Anche dei peccatori prestano a peccatori per ricevere l'equivalente. Piuttosto amate i vostri nemici e fate del bene e prestate non sperando nulla di ritorno; e la vostra ricompensa sarà molta e sarete figli dell'Altissimo, poiché egli è buono verso gli ingrati e i malvagi' (vv. 34-35). In questo modo Luca applica l'esigenza dell'amore del nemico alla vita quotidiana. L'amore universale, come per Gesù, è la

____

comportamento del cristiano", in Leggere la storia come salvezza, numero monografico di Parola, Spirito e Vita - quaderni di lettura biblica, cit.

finalità dell'amore per il nemico, ma quest'ultimo non è più soltanto il persecutore occasionale, colui che odia il cristiano a motivo della sua fede, e caratteristica delle tribolazioni della fine dei tempi. L'amore del nemico è diventato una esigenza da attuare nella quotidianità dell'esistenza, per suscitare – se possibile – un rapporto autenticamente evangelico con tutti, antipatici o ingrati che siano, che il credente inevitabilmente incontrerà nella sua vita d'ogni giorno. […] Non è affatto compromissione o remissività. Invitando ad imitare Dio là dove Dio è veramente Dio, e cioè nell'amore gratuito verso tutti, Luca ha fatto dell'esigenza di amare il nemico un dovere di testimonianza di una società nuova in mezzo al mondo vecchio".

Tornando al vangelo di Giovanni, ecco che un episodio che riguarda la vita di Gesù – e anche a me piace pensare che la lavanda dei piedi abbia un fondamento storico –, diviene il simbolo del servizio che il cristiano deve rendere al prossimo, ufficio per il quale i discepoli hanno parte con Gesù: è solo così ch'essi si trasformano davvero in seguaci di Cristo. Egli ha mostrato quale debba essere lo status del cristiano, da mantenersi anche quando l'aiuto al prossimo comporti umiliazione psichica o patimento fisico. È giusto respingere le sofferenze e sicuramente non bisogna cercarle e infatti lo stesso Gesù aveva sperato e pregato d'esserne esentato: "[…] e pregava dicendo: 'Padre mio, se è possibile, passi da me questo calice! Però non come voglio io, ma come vuoi tu!' "[63].

---

[63] Mt 26, 39

L'essere umano cooperatore di Dio

Tuttavia bisogna che il cristiano sia ben conscio del fatto, *essenziale*, che Dio non interviene d'imperio a fare giustizia e a dare benessere all'umanità ma ha affidato alla libera, buona coscienza dell'uomo, suo cooperatore, il compito di creare il bene sulla terra. Dunque il seguace di Cristo non solo deve accettare le insuperabili afflizioni che, prima o poi, attaccano tutti a ragione del peccato altrui o per cause naturali, ma pure non temere il dolore che può giungere dall'aiutare gli altri e dal cercare la giustizia come fece Gesù. Se infatti servire i propri simili dà intima gioia, non c'è dubbio che a questa s'accompagni il peso della fatica e in certi casi, come quando ci s'impegni rischiando di persona per il diritto dell'uomo violato da altri uomini, pure sofferenza morale o fisica: penso tra gli altri a coloro che in diverse parti del mondo vivendo sotto il dispotismo, prédicano Cristo, se credenti in lui, e comunque praticano la giustizia, ad esempio a quei medici, infermieri e insegnanti, laici e religiosi, autoctoni o missionari nel senso pieno di questo termine, che vengono perseguitati e torturati e non poche volte uccisi da bande armate o dalle polizie dei tiranni di turno mentre, inermi in mezzo a guerre e faide tribali o repressioni dittatoriali, stanno prodigandosi per gli ammalati e per i poveri e ignoranti spremuti dai potenti locali o internazionali che approfittano della loro miseria materiale e intellettuale; e penso pure a quei cristiani, ormai quasi soli nelle goderecce e vuote società occidentali, certo non più definibili cristiane e sempre più spopolate e vecchie nonostante l'immigrazione dal terzo mondo, che subiscono mortificazioni intellettuali, come per l'accusa d'essere reazionari ignoranti perché si battono contro l'omicidio, immorale anche se legalizzato, dell'embrione umano ormai concepito, questo però senz'affatto omettere di predicare la paternità e maternità responsabili, ché è egoismo e dunque peccato mettere al mondo più figli di quanti se ne possano mantenere[64].

Scrive Paolo nella lettera ai Colossesi, parlando di sé ma esortando ognuno a fare come lui: "Perciò sono lieto delle sofferenze che sopporto per voi e completo nella mia carne quello che manca ai patimenti di Cristo, a favore del suo corpo che è la Chiesa"[65].

# # #

---

[64] Cfr. l'enciclica di Papa Paolo VI Humanae Vitae, 25-7-1968, cit.

[65] Col 1, 24

APPENDICE
Abbreviazioni dei nomi dei libri biblici

Ab	Abacuc		2 Gv	Lettera di Giovanni 2
Abd	Abdia		3 Gv	Lettera di Giovanni 3
Ag	Aggeo		Is	Isaia
Am	Amos		Lam	Lamentazioni
Ap	Apocalisse		Lc	Luca
At	Atti degli Apostoli		Lv	Levitico
Bar	Baruc		1 Mac	Maccabei 1
Col	Lettera ai Colossesi		2 Mac	Maccabei 2
1 Co	Lettera ai Corinti 1		Mc	Marco
2 Cor	Lettera ai Corinti 2		Mi	Michea
1 Cr	Cronache 1		Ml	Malachia
2 CR	Cronache 2		Mt	Matteo
Ct	Cantico dei Cantici		Na	Naum
Dn	Daniele		Ne	Neemia
Dt	Deuteronomio		Nm	Numeri
Eb	Lettera agli Ebrei		Os	Osea
Ef	Lettera agli Efesini		Pr	Proverbi
Es	Esodo		1 Pt	Lettera di Pietro 1
Esd	Esdra		2 Pt	Lettera di Pietro 2
Est	Ester		Qo	Qoelet
Ez	Ezechiele		1 Re	Libro dei Re 1
Fil	Lettera ai Filippesi		2 Re	Libro dei Re 2
Fm	Lettera a Filemone		Rm	Lettera ai Romani
Gal	Lettera ai Gàlati		Rt	Rut
Gb	Giobbe		Sal	Salmi
Gc	Lettera di Giacomo		1 Sam	Samuele 1
Gd	Lettera di Giuda		2 Sam	Samuele 2
Gdc	Giudici		Sap	Sapienza
Gdt	Giuditta		Sof	Sofonia
Gen	Genesi		Tb	Tobia
Ger	Geremia		1 Tm	Lettera a Timoteo 1
Gl	Gioele		2 Tm	Lettera a Timoteo 2
Gn	Giona		1 Ts	Lettera ai Tessalonicesi 1
Gs	Giosuè		2 Ts	Lettera ai Tessalonicesi 2
Gv	Giovanni		Tt	Lettera a Tito
1 Gv	Lettera di Giovanni 1		Zc	Zaccaria

Guido Pagliarino

Guido Pagliarino ha pubblicato molti saggi, romanzi e libri di poesia. Nel corso degli anni diverse sue opere hanno ricevuto il primo premio in importanti concorsi letterari. Fra l'altro, nel 1997 gli era stato conferito il "Premio della Cultura della Presidenza del Consiglio" per l'insieme dei libri pubblicati fra l'anno 1979 e l'anno 1996. Qualora si desideri leggere una dettagliata biobibliografia e trovare rimandi a recensioni di opere di Guido Pagliarino, si può andare alla seguente pagina del sito dell'autore: http://www.pagliarino.com/biografia.htm

Precedenti opere *saggistiche* di Guido Pagliarino
pubblicate dopo l'anno 2000

- *La vita eterna; saggio sull'immortalità tra Dio e l'uomo, 2002, libro cartaceo, Prospettiva Editrice (FUORI CATALOGO)*

- *Gesú, nato nel 6 'a.C.' crocifisso nel 30, 2003, libro cartaceo, Prospettiva Editrice, due edizioni (FUORI CATALOGO)*

- *Gesú, nato nel 6 'a.C.' crocifisso nel 30, 2003, libro cartaceo, Prospettiva Editrice, nuova edizione a cura dell'autore solo in e-book epub e PDF (SCARICABILI GRATUITAMENTE DA INTERNET)*

- *Cristianesimo e Gnosticismo; 2000 anni di sfida, 2003, libro cartaceo Prospettiva Editrice (FUORI CATALOGO)*

- *Sindòn la misteriosa Sindone di Torino, saggio, 2013 Prima edizione, libro ed e-book, GDS Edizioni (FUORI CATALOGO)*

- *Sindòn la misteriosa Sindone di Torino, saggio, 2013 Seconda edizione a cura dell'autore, libro ed e-book (IN VENDITA)*

- *Creazione ed Evoluzione, saggio, 2011, Prima Edizione, libro e e-book, GDS Edizioni (FUORI CATALOGO)*

- *Creazione ed Evoluzione, saggio, 2016, Seconda Edizione a cura dell'autore, riveduta e aumentata, libro ed e-book (IN VENDITA)*

- *La Trasformazione (Sull'eterno corpo glorioso spirituale e sul nulla eterno infernale secondo l'antropologia cristiana nei secoli I e II), Saggio, Prima Edizione, 2018, libro ed e-book, Tektime Editore (IN VENDITA)*

- *La Sfida: Il conflitto fra Cristianesimo e Gnosticismo nei primi secoli della Chiesa, Saggio, Prima Edizione, 2018, libro ed e-book, Tektime Editore (IN VENDITA)*

- *Spirito, Anima, Persona dall'antichità greca ed ebraica al mondo cristiano contemporaneo, Saggio, Prima Edizione, 2018, libro ed e-book, Tektime Editore (IN VENDITA)*

- Diavolo e Demòni (Un approccio storico), Prima Edizione, 2018, libro ed e-book, Tektime Editore (IN VENDITA)

- Il Vento dell'Amore, 2018, libro ed e-book, due edizioni, con immagini interne a colori ed economica, Tektime Editore (IN VENDITA)

TEKTIME EDITORE

MONTEFRANCO (TR)

FINITO DI STAMPARE

NEL MESE DI OTTOBRE 2018

www.ingramcontent.com/pod-product-compliance
Lightning Source LLC
Chambersburg PA
CBHW071536150726
48000CB00002B/815